FORMULES
DES ARRESTS
DU CONSEIL,

DES JUGEMENS QUI SE RENDENT
dans les Commiſſions du Conſeil.

ET

DES ORDONNANCES DONT LES REQUESTES
préſentées au Conſeil & dans les Commiſſions qui en
ſont émanées, doivent être répondues.

A PARIS,
Chez PRAULT pere, Imprimeur des Fermes & Droits du Roy,
Quay de Gêvres, au Paradis.

M. DCC. L.

AVEC PRIVILEGE DU ROY.

PRIVILEGE DU ROY.

LOUIS, par la grace de Dieu, Roi de France & de Navarre : A nos amés & féaux Conseillers les Gens tenans nos Cours de Parlement, Maîtres des Requêtes ordinaires de notre Hôtel, Grand Conseil, Prevôt de Paris, Baillifs, Sénéchaux, leurs Lieutenans Civils, & autres nos Justiciers qu'il appartiendra ; SALUT. Notre bien amé PIERRE PRAULT pere, Libraire-Imprimeur à Paris, Nous a fait exposer qu'il desireroit imprimer & donner au Public *le Code de Louis XV. le Recueil des Edits, Déclarations, Ordonnances, Lettres Patentes, Arrests, Tarifs, Baux, Reglemens & Décisions, tant du Conseil que des Cours & Jurisdictions, Déliberations, Instructions, Traités, Commentaires, Conférences concernant les Gabelles, Aydes, Traittes Foraines, Domaine, Tabac & Droits y joints, rétablis ou réservés ; ensemble ceux concernant la Justice & Police, les Finances & les Tailles, la Jurisdiction & les Rentes de l'Hôtel-de-Ville, les Maires & Echevins, la Marine, le Commerce, & la Compagnie des Indes ; les Mines & Minieres, Poudres & Salpestres, les Postes, Messageries, la Voyerie, & tous les Officiers, Commis & Employés qui en dépendent, avec la Table chronologique, le Dictionnaire ou Mémorial alphabétique par chaque matiére ;* s'il Nous plaisoit lui accorder nos Lettres de Privilége sur ce nécessaires. A CES CAUSES, voulant favorablement traiter l'Exposant, Nous lui avons permis & permettons par ces Présentes, de faire imprimer les Ouvrages ci-dessus spécifiés, en un ou plusieurs volumes, & autant de fois que bon lui semblera, & de les vendre, faire vendre & débiter par tout notre Royaume, pendant le temps de, *quinze* années consécutives, à compter du jour de la datte des Présentes. Faisons défenses à toutes sortes de Personnes, de quelque qualité & condition qu'elles soient, d'en introduire d'impression étrangere dans aucun lieu de notre obéissance ; comme aussi à tous Libraires, Imprimeurs & autres, d'imprimer, faire imprimer, vendre, faire vendre, débiter ni contrefaire lesdits Ouvrages en tout ni en partie, ni d'en faire aucun extrait, sous quelque prétexte que ce soit, d'augmentation, correction, changement ou autres, sans la permission expresse & par écrit dudit Exposant, ou de ceux qui auront droit de lui, à peine de confiscation des Exemplaires contrefaits, & de trois mille livres d'amende contre chacun des contrevenans, dont un tiers à Nous, un tiers à l'Hôtel-Dieu de Paris, l'autre tiers audit Exposant, ou à celui qui aura droit de lui, & de tous dépens, dommages & intérêts : A la charge que ces Présentes seront enregistrées tout au long sur le Registre de la Communauté des Libraires & Imprimeurs de Paris, dans trois mois de la datte d'icelles ; que l'impression desdits Ouvrages sera faite dans notre Royaume & non ailleurs, en bon papier & beaux caractéres, conformément à la feuille imprimée attachée pour modéle sous le contre-scel desdites Présentes ; que l'Impetrant se conformera en tout aux Reglemens de la Librairie, & notamment à celui du 10 Avril 1725. & qu'avant de les exposer en vente, les Manuscrits ou Imprimés qui auront servi de copies à l'impression desdits Ouvrages, seront remis ès mains de notre très-cher & féal Chevalier le Sieur Daguesseau, Chancelier de France, Commandeur de nos Ordres, & qu'il en sera ensuite remis deux Exemplaires dans notre Bibliotheque publique, un dans celle de notre Château du Louvre, & un dans celle de notre très-cher & féal Chevalier, le Sieur Daguesseau, Chancelier de France; le tout à peine de nullité des Présentes: Du contenu desquelles vous mandons & enjoignons de faire jouir ledit Exposant ou ses ayans cause, pleinement & paisiblement, sans souffrir qu'il leur soit fait aucun trouble ou empêchement. Voulons que la copie desdites Présentes, qui sera imprimée tout au long au commencement ou à la fin desdits Ouvrages, soit tenue pour dûement signifiée; & qu'aux copies collationnées par l'un de nos amés & féaux Conseillers & Secretaires, foi soit ajoûtée comme à l'original. Commandons au premier notre Huissier ou Sergent sur ce requis, de faire pour l'execution d'icelles, tous Actes requis & nécessaires, sans demander autre permission, & nonobstant clameur de Haro, Charte Normande, & Lettres à ce contraires: CAR tel est notre plaisir. DONNÉ à Paris le huitiéme jour du mois de May, l'an de grace mil sept cens quarante-quatre, & de notre Regne le vingt-neuviéme. Par le Roy en son Conseil. *Signé*, SAINSON.

Registré sur le Registre XI. de la Chambre Royale des Libraires & Imprimeurs de Paris, N°. 318. *Folio* 268. *conformément aux anciens Reglemens, confirmés par celui du* 28 *Février* 1723. *A Paris le* 10 *Juin* 1744.

Signé, SAUGRAIN, Syndic.

Page 62. ligne 19. Arrest qui ordonne, *lisez* Arrest pour ordonner.

FORMULES

FORMULES DES ARRESTS

Qui se rendent au Conseil, & des Ordonnances dont les Requêtes qui y sont presentées, doivent être répondues.

LES Arrêts du Conseil interviennent, ou sur la simple Requête d'une Partie, ou après que les Parties intéressées ont été appellées; les uns & les autres sont rangés suivant l'ordre des Titres de l'Ordonnance des Evocations & Reglemens de Juges, du mois d'Août 1737, & du Reglement du Conseil du 28 Juin 1738.

OBSERVATIONS générales concernant les Arrêts sur Requête.

1°. La Requête doit être donnée en vû d'Arrêt, afin de servir de vû à l'Arrêt qui est demandé. Reglement du Conseil, 1. Partie, Tit. 9. Article 1.

2°. Elle doit être signée de l'Avocat au Conseil, qui met sa signature à la marge, à côté des Conclusions, ou dans le corps de la Requête, à leur suite, & quelquefois, fait signer son Client, suivant les cas. *Ibid.* Art. 2. *Ibid.*

3°. Après le Fait, les Moyens, & les Conclusions, les Pieces sur lesquelles la demande est fondée, doivent être énoncées sommairement, sans quoi, la Requête ne seroit pas reçûe, parce qu'il faut qu'elle puisse servir de premiere Requête d'instruction, en cas qu'il soit nécessaire d'accorder un communiqué. *Ibid.* Art. 3.

4°. Les Pieces doivent être remises avec la Requête à celui de M. les Maîtres des Requêtes qui la doit rapporter, sans quoi, il ne s'en chargeroit pas. *Ibid.*

5°. Si la Requête est présentée incidemment à une Instance dans laquelle il y a un Rapporteur commis, elle ne peut être remise qu'à ce Rapporteur.

6°. Elle doit être communiquée aux Commissaires du Conseil nommés pour l'examen des Requêtes en vû d'Arrêts, si ce n'est qu'elle soit incidente à une Instance, dont la visite soit commencée dans un autre Bureau, auquel cas, elle y doit être communiquée. *Ibid.* Art. 3. & 4.

7°. Il intervient toujours sur ces Requêtes un Arrêt, & il est écrit au pied

Regl. du C. Art. 3. & 4.

même de la Requête, soit pour en adjuger les Conclusions, soit pour appeller les Parties intéressées, soit pour débouter de la Demande, ou pour la renvoyer devant les Juges ordinaires; car on ne doit point rendre ces sortes de Requêtes à l'Avocat ou à la Partie, de peur qu'elle ne les fasse reparoître

Ibid. Art. 5.

dans la suite, ou ne cherche d'autres formes pour faire admettre la même demande; c'est une des plus anciennes regles du Conseil.

8°. Dès qu'il a été statué sur une Requête en vû d'Arrêt, il n'est plus per-

Regl. du C. 2. P. Tit. 1. Art. 7. & 10.

mis d'en présenter une seconde aux mêmes fins, & c'est ce qui fait encore qu'elle n'est rendüe qu'en cas qu'il faille la réformer.

9°. S'il est ordonné que la Requête sera communiquée, ceux à qui elle le doit être, sont nommés ou qualifiés distinctement dans le dispositif, à moins qu'ils ne le soient très-exactement dans les Conclusions, & qu'ils fussent en grand nombre, auquel cas, pour éviter la longueur de l'Arrêt, il est seulement ordonné *qu'elle sera communiquée aux Parties ci-dessus dénommées;* mais cela se fait très-rarement, parce que, quand le nom de ceux à qui l'Arrêt doit être signifié ne se trouve pas dans le dispositif, souvent il échappe quelque signification, & cela donne lieu à des incidens qui retardent l'instruction ou le Jugement de l'Instance, & en augmente les frais; c'est une des raisons pour lesquelles il est défendu de se servir, dans ces Arrêts de communiqué, de ces mots, *Et autres qu'il appartiendra.*

10° Si la Partie contre laquelle la Requête est présentée, a un Avocat en Cause, il faut que le Demandeur se trouve dans les cas portés par l'Ordonnance des Évocations, ou par le Reglement du Conseil, pour qu'il puisse obtenir contre elle un Arrêt sur sa Requête, sans qu'il ait été préalablement ordonné qu'elle lui sera communiquée au domicile de son Avocat, parce qu'il ne doit être rien ordonné contre une Partie qui a constitué Avocat, sans qu'elle ait communication de la Demande.

Voyez les Arrêts ci-après, I. III. IV. V. sur les Evocations. I. sur les Oppositions au Titre. VII. sur autres matieres du Conseil. I. II. III. sur les Assignations. I. IV. sur les Défauts. II. IX. X. sur les Incidens. I. III. IV. sur le faux Incident. I. II. sur les Récusations. II. sur les Dépens.

Ord. de 1737. Titre 1. Art. 28. 31. 32.

11°. Il ne peut, en général, être accordé ni dépens, ni même frais & coût de l'Arrêt au Demandeur, par un Arrêt sur Requête; il n'y a que quatre cas exceptés de cette Regle. Le premier, quand l'Arrêt déboute un Evocant de sa Cédule évocatoire faute de l'avoir fait signifier dans le tems prescrit.

Ibid. Art. 46.

Le deuxiéme, quand un Arrêt sur une Evocation consentie, est accordé au Défendeur à l'Évocation, faute par le Demandeur de l'avoir obtenu.

Ibid. Art. 81.

Le troisiéme, quand il est rendu sur le désistement d'une Cédule évocatoire.

Regl. du Conseil, 1. Partie, Tit. 4. Art. 19.

Le quatriéme, quand il prononce la cassation d'un Arrêt qui a reçû un appel dans un cas qui n'y étoit pas sujet.

Dans tous ces cas, la Partie contre laquelle la Requête est présentée, est condamnée aux frais & coût de l'Arrêt.

Ibid. 2. P. Tit. 13. Art. 2. & 5.

12°. Tout Arrêt sur Requête ou autre, doit être rédigé par le Rapporteur dès qu'il est rendu, & communiqué aux Commissaires qui ont examiné l'affaire, pour être ſigné & remis au Greffe au Conſeil ſuivant.

13°. Le Rapporteur écrit le diſpoſitif en entier de ſa main, & le ſigne, ainſi que les Commiſſaires qui ont aſſiſté au Jugement. M. le Chancelier le ſigne enſuite ſeul, à la droite de la page, les autres ſignent à la gauche. Regl. du C. 2. P. Art. 4. & 5.

14°. Le vû d'un Arrêt ſur une Inſtance doit contenir, 1°. les noms & qualités priſes par les Parties dans l'Inſtance, 2°. leurs Concluſions reſpectives ſuivant l'ordre de leur Requête, 3°. l'extrait ſommaire de leurs Pieces ſuivant l'ordre de leurs Productions principales & nouvelles, 4°. la Procédure pour faire commettre & ſubroger le Rapporteur ou les Commiſſaires, 5°. la mention de la communication de l'Inſtance aux Commiſſaires du Conſeil à ce députés, ou à l'Aſſemblée des Maîtres des Requêtes. *Ibid.* Art. 3.

Evocations ſur Parentés & Alliances.

Regl. du C. 1. P. Tit. 1.

I.

ARREST ſur Requête pour faire débouter l'Evocant de ſa Cédule évocatoire, dans les quatre cas preſcrits par l'Ordonnance.

Sçavoir, 1°. Quand la Cédule évocatoire a été ſignifiée, depuis que la Plaidoirie ou le rapport de l'affaire ont été commencés. Ordon. des Evoc. Tit. 1. Art. 28.

2°. Quand la Cédule évocatoire priſe du chef de l'aſſigné en garantie, ou pour voir déclarer l'Arrêt commun, n'a été ſignifiée que ſix ſemaines après que la Cauſe a été miſe au Rolle avec lui, ou que le premier Acte pour venir plaider, lui a été ſignifié, ou après les ſix ſemaines du jour de la ſignification d'un Arrêt de jonction de cette demande à la demande principale. *Ibid.* Art. 30, 31.

3°. Quand la Cédule évocatoire n'a été ſignifiée qu'après que leſdites Parties ont été miſes hors de Cauſe, ou que le Demandeur a été débouté de ſa demande en jonction deſdites Demandes au Procès principal, ou qu'elles en ont été disjointes par Arrêt contradictoire. Art. 32.

4°. Quand l'Evoquant n'a point fait apporter ſon Enquête au Greffe du Conſeil dans la huitaine après l'expiration des délais fixés par l'Ordonnance. Art. 56.

LE ROY EN SON CONSEIL, ayant égard à la préſente Requête, ſans s'arrêter à la Cédule évocatoire ſignifiée le . . . à la Requête de M. . . . . a ordonné & ordonne qu'il ſera paſſé outre au Jugement de la Cauſe (ou du Procès) en (*nommer la Cour d'où l'Evocation eſt demandée*) comme avant la ſignification de ladite Cédule évocatoire, condamne M.

(*l'Evocant*) en 300 livres d'amende envers Sa Majesté, & en 150 livres envers P. (*l'Evoqué*,) & aux frais & coût du présent Arrêt, liquidés à la somme de.... non compris la signification & le droit de Controlle.

Nota. 1°. Ces Arrêts s'accordent tant en matiere Civile que Criminelle.

2°. Ils doivent, aux termes de l'Ordonnance, être accordés sur une simple Requête en Vû d'Arrêt, sans appeller les Parties intéressées, parce, que si l'on commençoit par leur communiquer cette Requête, cela donneroit lieu à une Instance aussi longue à instruire que l'Instance même d'évocation ; au moyen dequoi, les deffenses portées par la Cédule évocatoire subsisteroient, & la chicane de l'Evocant auroit son principal effet ; c'est ce que l'Ordonnance a voulu empêcher par la voye de l'Arrêt sur Requête.

Ordon. des Evoc. Art. 28. 3°. Les Piéces justificatives des faits qui mettent la Partie en droit d'obtenir cet Arrêt, doivent être jointes à la Requête en vû d'Arrêt, c'est-à-dire, le Certificat du Greffier de la Cour dont on veut évoquer, portant que la Plaidoirie a été commencée, ou l'Arrêt qui porte que le Procès a été commencé à rapporter, ou la signification de la Cédule évocatoire au-delà des époques fixées par les Articles 31 & 32 de l'Ordonnance, ou le Certificat du Greffier du Conseil, portant qu'il n'a été remis au Greffe du Conseil ni Enquête, ni autres Procedures.

Ibid. Art. 57. 4°. Dans le dernier cas, l'Arrêt ne peut être attaqué par la voye d'opposition ou de restitution, mais seulement par celle de la demande en cassation.

II.

ARREST sur Requête, sur Evocation consentie.

LE ROY EN S. C. ayant égard à ladite Requête, a évoqué à soi & à son Conseil, les contestations pendantes en (*nommer la Cour*,) entre D. & N. & icelles, circonstances & dépendances, a renvoyé au (*nommer la Cour*,) pour y être procedé par les Parties suivant les derniers erremens, & leur y être fait droit ainsi qu'il appartiendra, lui attribuant à cet effet Sa Majesté toutes Cour, Jurisdiction & connoissance, & icelles interdisant à ses autres Cours & Juges.

(*Si le Deffendeur à l'Evocation est obligé d'obtenir cet Arrest, l'on y ajoute*) & a condamné N. (*l'Evoquant*) aux frais & coût du présent Arrêt, liquidés à la somme de..... non compris la signification & le droit de controlle.

Nota. 1°. C'est le plus souvent par des Lettres du Grand Sceau que ce renvoi est fait, mais il est libre aux Parties de le faire ordonner par un Arrêt sur Requête.

2°. Il faut joindre à la Requête en Vû d'Arrêt, la Cédule évocatoire, sa signification, la réponse à cette Cédule évocatoire, ou le consentement par écrit des Parties, même celui du Procureur Général, si c'est en matiere Criminelle, & y viser toutes ces Piéces, afin qu'elles le soient dans l'Arrêt auquel cette Requête sert de Vû. Ordon. des Evoc. Art. 45.

III.

ARREST sur Requête pour admettre une Demande en fait propre.

LE ROY EN S. C. a permis & permet à N. . . . . . . de faire preuve par Témoins que (*il faut énoncer chaque fait séparément*) & notamment, que ledit D. a sollicité les Juges de la Cause (*ou du Procès*) en personne, consulté & fourni aux frais de ladite Cause, (*ou dudit Procès*,) ordonne Sa Majesté que ladite preuve sera faite dans . . . . . pour tout délai, pardevant le premier Maître des Requêtes de l'Hôtel, trouvé sur les lieux, sinon, pardevant le Lieutenant Général, ou en son absence, le plus ancien Officier du Bailliage ou de la Sénéchaussée de . . . . . . que Sa Majesté a commis & commet à cet effet, a permis & permet à G. . . . . (*la Partie intéressée a empêcher que le fait propre ne soit admis*) de faire, si bon lui semble, la preuve contraire, pardevant le même Juge, & dans le même délai, pour le tout fait & rapporté, être ordonné ce qu'il appartiendra. Ibid. Art. 68, 69, 70.

IV.

ARREST sur la Requête de l'Officier contre lequel la preuve du fait propre a été admise, pour obtenir permission de faire preuve contraire.

LE ROY EN S. C. ayant égard à ladite Requête, a permis & permet audit M. . . . . de faire la preuve par Témoins, contraire à celle qui a été ordonnée par Arrêt du . . . & ce dans . . . . . mois, pour tout délai, & pardevant le (*Juge commis par ledit Arrêt*) pour ce fait, ou faute de ce faire dans ledit délai, être ordonné ce qu'il appartiendra. Ibid. Art. 71.

Ordon. des Evoc. Art. 71.

Nota. Cet Arrêt doit être obtenu dans un mois du jour de la ſignification faite à la Partie, de l'Arrêt qui a admis la preuve du fait propre ; ainſi il requiert célérité.

V.

ARREST ſur Requête ſur le déſiſtement d'une Cédule évocatoire.

LE ROY EN SON CONSEIL, a donné Acte à N. (*l'Evoqué*) du déſiſtement porté par l'Acte du...., ſignifié à la Requête de D. (*l'Evoquant*,) & en conſéquence, à ordonné & ordonne qu'il ſera paſſé outre au Jugement des conteſtations pendantes entre les Parties au (*nommer la Cour*) ſuivant les derniers erremens, & comme avant la ſignification de la Cédule évocatoire, & a condamné & condamne ledit D. en l'amende de 300 liv. envers Sa Majeſté, & de 150 livres envers ledit N. & aux dépens, liquidés à la ſomme de.... non compris le coût & la ſignification du préſent Arrêt ni le droit de Controlle.

V I.

ARREST définitif quand l'Evocation eſt jugée bien fondée.

LE ROY EN S. C. faiſant droit ſur l'Inſtance, ayant égard aux demandes de N. (*l'Evoquant*) a évoqué à ſoy & à ſon Conſeil, les conteſtations pendantes entre les Parties au... (*nommer la Cour*,) & icelles, circonſtances & dépendances, a renvoyé & renvoye au.... (*nommer la Cour*,) pour y procéder ſuivant les derniers erremens, & y être fait droit aux Parties, ainſi qu'il appartiendra, lui attribuant Sa Majeſté à cet effet, toutes Cour, Juriſdiction & connoiſſance, & icelles interdiſant à ſes autres Cours & Juges, ſur le ſurplus des demandes (*s'il y en a d'autres*) a mis & met les Parties hors de Cour; condamne D. (*l'Evoqué*) aux dépens, ou dépens compenſés.

Si l'Evocation eſt fondée ſur le fait propre d'un Officier, on ajoute, Ordonne au ſurplus Sa Majeſté que l'amende conſignée par ledit D. lui ſera rendüe, à ce faire le Receveur contraint, quoi faiſant, il en ſera bien & valablement déchargé.

VII.

ARREST définitif quand l'Evocation est jugée mal fondée.

LE ROY EN S. C. faisant droit sur l'Instance ; sans s'arrêter à la Cédule évocatoire signifiée le ......ni aux Demandes de B. (*l'Evoquant,*) dans lesquelles Sa Majesté l'a déclaré non recevable (*ou mal fondé*) (*ou dont Sa Majesté l'a débouté,*) a ordonné & ordonne que les Parties continueront de proceder au.... (*nommer la Cour*) sur leurs différends & contestations, suivant les derniers erremens, & comme avant la signification de la Cédule évocatoire, condamne ledit N..... en l'amende de 300 livres envers Sa Majesté, & de 150 livres envers D. (*l'Evoqué,*) même en.... de dommages & intérêts envers lui (*s'il y a lieu d'en prononcer,*) & aux dépens, (*& en telles réparations envers P.*) (*si le fait propre a été articulé témérairement contre l'Officier.*)

Ordon. des Evoc. Art. 79. 81.

VIII.

ARREST pour évoquer le fonds de la Contestation incidemment à l'Evocation.

Voyez ci-après Arrest IV. des autres matieres portées au Conseil.

REGLEMENS DE JUGES.

Regl. du C. 1. P. Tit. 1.

I.

ARREST sur Requête pour introduire l'Instance.

Ordon. de 1737. Tit. 11. Art. 1.

LE ROY EN S. C. a ordonné & ordonne que ladite Requête sera communiquée à N .... pour y fournir de réponses dans les delais du Réglement, pour ce fait ou faute de ce faire dans ledit délai, être statué sur ladite demande, ainsi qu'il appartiendra, & cependant, a fait deffenses aufdits Juges (*ou ausdites Cours*) de connoître de la contestation, & aux Parties de faire aucunes poursuites ni procédures dans lesdites (*Cours ou Jurisdictions*) jusqu'à ce qu'il en ait été autrement ordonné par Sa Majesté, à peine de nullité, de cassation de procédures, & de tous dépens, dommages & intérêts.

(*S'il s'agit d'un Réglement de Juges en matiere criminelle, il faut ajouter à l'Arrêt,*)

Ibid. Tit. 3. Art. 2. Et cependant, ordonne que l'instruction dudit Procès sera continuée, (*nommer la Cour ou le Tribunal*) que Sa Majesté a commis & commet à cet effet, pour y être procedé jusqu'au Jugement définitif exclusivement.

Nota. 1°. Les Assignations, Sentences, Arrêts & Procédures, qui ont formé le conflit, doivent être joints à la Requête en vû d'Arrêt & visés dans cette Requête.

2°. Si l'Accusé qui se pourvoit, est decreté de prise-de-corps, il faut que son Escroüe soit joint à la Requête, & visé en icelle.

I I.

Arrest sur Requête sur la Demande en cassation de Procédures attentatoires au Reglement des Juges.

Voyez ci-après Arrest IX. & X. des Incidens.

I I I.

Arrest définitif.

Le Roy en s. c. faisant droit sur l'Instance, sans s'arrêter aux demandes de A........ a renvoyé & renvoye les les Parties au... (*nommer le Tribunal*) & par appel au... (*nommer la Cour d'appel*) pour y proceder sur leurs contestations, circonstances & dépendances, suivant les derniers erremens, & a condamné ledit A... aux dépens (*s'il y a lieu de prononcer une amende ou des dommages & intérêts*) en 300 livres d'amende envers Sa Majesté, & 150 livres envers ledit D. (*ou*) en... de dommages & intérêts envers ledit D. (*ou en tous les deux*) & aux dépens.

IV.

I V.

ARREST pour évoquer le fonds de la conteſtation incidemment au Reglement de Juges.

Voyez ci-après Arreſt IV. des autres Matieres portées au Conſeil.

OPPOSITIONS AU TITRE.

Regl. du C. 1. P. Tit. 2.

I.

ARREST ſur Requête ſur le déſiſtement de l'oppoſition au Titre.

Déclaration de 1738. Art. 25.

LE ROY EN S. C. ayant égard à ladite Requête, & en conſéquence du déſiſtement donné par ledit N... par Acte du... qui demeurera attaché à la Minute du préſent Arrêt, a fait & fait main-levée audit A.... de l'oppoſition formée par ledit N. ... au Titre dudit Office, ordonne qu'elle ſera rayée des Regiſtres du Garde des Rolles, & qu'il ſera paſſé outre au Sceau & Expedition des Proviſions dudit Office, en faveur dudit A.... condamne ledit N.... aux dépens faits juſqu'au jour dudit Acte de déſiſtement, liquidés à la ſomme de.... non compris le coût & la ſignification du préſent Arrêt ni le droit de Controlle.

I I.

ARREST ſur Requête pour introduire la Demande en main-levée de l'oppoſition au Titre.

Regl. du C. 1. P. Tit. 2.

Nota. Il n'y a qu'un ſeul cas où la Demande en main-levée d'une oppoſition au Titre ne peut être introduite par une Ordonnance de communiqué ; c'eſt celui où l'Avocat conſtitué par l'Acte d'oppoſition, eſt décedé, avant que la Demande en main-levée ait été formée ; alors, elle ne peut être introduite que par Arrêt, parce que la Requête ne peut plus être communiquée à l'Oppoſant qu'à domicile ; & qu'au Conſeil, il ne peut être ordonné de communiqué à domicile, qu'en vertu d'un Arrêt.

LE ROY EN S. C. a ordonné & ordonne que ladite Requête *Ibib.* Art. 7.

(*ou ladite Demande en main-levée*) sera communiquée à N...: (*l'Oopposant*) en son domicile, pour y fournir de réponses dans les délais du Reglement, pour ce fait, ou faute de ce faire dans ledit délai, être fait droit, ainsi qu'il appartiendra.

Ibid. Art. 7. *Nota.* La Requête en vû d'Arrêt doit être remise au Rapporteur, s'il y en a un commis sur l'opposition au Titre, sinon au premier Maître des Requêtes; mais en ce cas, il faut y joindre un Certificat de l'Avocat, portant qu'il n'y a point eu de Rapporteur commis.

III.

ARREST sur Requête pour mettre en cause le Garant ou le Vendeur.

LE ROY EN S. C. a ordonné & ordonne que ladite Requête sera communiquée à N.... en son domicile, pour y fournir de réponses dans les délais du Reglement, & jointe à l'Instance, pour en jugeant, y être fait droit, conjointement ou autrement, ainsi qu'il appartiendra.

Ibid. Art. 8. *Nota.* Cet Arrêt doit être obtenu dans la quinzaine du jour de la Signification faite par le Demandeur en main-levée de l'Acte, pour faire commettre un Rapporteur sur ladite Demande, ou de la dénonciation qu'il doit faire à l'Avocat de l'Opposant du Committitur fait sur le repli des Provisions; passé ce délai, l'Arrêt ne peut être accordé, ainsi il requert célérité.

IV.

Déclaration de 1738. Art. 14.

ARREST sur Requête pour obtenir main-levée de l'opposition au Titre, faute par l'Opposant d'avoir fait, dans le délai, ou dans la forme prescrite, ses offres de porter l'Office à un plus haut prix.

LE ROY EN S. C. ayant égard à ladite Requête, a ordonné & ordonne qu'il sera passé outre au Sceau & Expedition des Provisions dudit Office, en faveur dudit A.... nonobstant l'opposition au Titre dudit Office formée par ledit D.... laquelle demeurera convertie en opposition pour deniers, & a condamné & condamne ledit D.... en.... de dommages & intérêts envers ledit A.... & aux frais & coût du présent Arrêt, liquidés à la somme de... non compris la signification & le droit de Controlle.

V.

ARREST sur Requête pour ordonner le dépôt de la somme offerte. *Ibid. Art. 15.*

LE ROY EN S. C. a ordonné & ordonne que ledit D.... déposera entre les mains de D.... Notaire au Châtelet, la somme de.... dans huitaine pour tout délai, sinon, & à faute par lui de faire ledit dépôt dans ledit délai, ordonne qu'il sera passé outre au Sceau & Expedition des Provisions dudit Office, en faveur dudit A.... au moyen de quoi ladite opposition au Titre demeurera convertie en opposition pour deniers, condamne ledit D... audit cas, aux frais & coût du présent Arrêt, liquidés à la somme de... non compris la signification & le droit de Controlle.

Nota. Il n'est jamais ordonné de communiqué sur cette Requête, ni sur la précédente.

VI.

ARREST interlocutoire pour renvoyer devant les Juges ordinaires, les contestations dont peut dépendre la validité de l'opposition au Titre.

LE ROY EN S. C. avant fait droit sur l'Instance, a ordonné & ordonne que dans.... mois pour tout délai, les Parties feront juger leurs contestations concernant.... (*les exprimer*) devant.... (*nommer les Juges*) pour ledit Jugement rapporté, ou faute de ce faire, être fait droit sur l'Instance, ainsi qu'il appartiendra, tous dépens & dommages-intérêts réservés. *Ibid. Art. 26.*

VII.

ARREST définitif quand l'opposition au Titre est jugée bien fondée.

LE ROY EN S. C. faisant droit sur l'Instance, ayant égard

aux demandes de A.... a ordonné & ordonne qu'il pourra disposer dudit Office, (*ou s'en faire pourvoir*) ainsi qu'il avisera, condamne ledit N.... aux dépens.

VIII.

Arrest définitif quand l'opposition est jugée mal fondée.

Le Roy en s. c. faisant droit sur l'Instance, sans s'arrêter à ladite opposition au Titre, ni aux demandes dudit N.... dont S. M. l'a débouté, (*ou dans lesquelles Sa Majesté l'a déclaré non-recevable*) a ordonné & ordonne qu'il sera passé outre au Sceau & Expedition des Provisions dudit Office en faveur dudit A.... & a condamné & condamne ledit N... en .... de dommages & intérêts envers ledit A.... & aux dépens.

Regl. du C. 1. P. Tit. 3.

DEMANDES EN RAPPORT DE PROVISIONS ou de Lettres de Justice.

I.

Art. 1.

Arrest pour introduire ladite Demande.

Le Roy en s. c. a ordonné & ordonne que la Requête sera communiquée à N.... pour y fournir de réponses dans les délais du Reglement, pour ce fait ou faute de ce faire dans ledit délai, y être fait droit ainsi qu'il appartiendra.

Nota. Ces sortes de Demandes peuvent également être introduites par Lettres du Grand Sceau.

II.

Arrest définitif quand la Demande est bien fondée.

Le Roy en s.c. faisant droit sur l'Instance, a ordonné & ordonne que lesdites Provisions (*ou Lettres de ....*) seront rapportées comme obreptices & subreptices, fait défenses audit N... (*le Deffendeur*) de s'en servir, (*s'il s'agit de Provisions*) & de faire aucunes fonctions dudit Office, à peine de faux & de ..., d'amende, & le condamne aux dépens (*si le rapport n'est demandé* (qu'en ce que) *l'on ordonne seulement* qu'elles seront rapportées pour être réformées en ce que....

III.

ARREST définitif quand la Demande est mal fondée.

LE ROY EN S. C. faisant droit sur l'Instance, sans s'arrêter à la demande de A.... dans laquelle S. M l'a déclaré non-recevable, (*ou dont S. M. l'a débouté*) ordonne que lesdites Provisions (*ou Lettres*) sortiront leur plein & entier effet, condamne ledit A.... aux dépens.

REQUESTES EN CASSATION. Regl. du C. I. P. Tit. 4.

I.

ARREST sur Requête pour débouter de la Requête en cassation. Art. 25.

LE ROY EN S. C. a débouté & déboute ledit M.... de sa demande en cassation, & l'a condamné en l'amende de (150 *liv. ou de 75 liv. si l'Arrest ou le Jugement sont par défaut ou par forclusion;*) *souvent on ne marque pas la somme pour abreger, étant fixée par le Reglement.*

Si la cassation est rejettée par une fin de non recevoir, l'on met,

LE ROY EN S. C. a déclaré ledit M.... non-recevable en sa demande en cassation, & l'a condamné en l'amende, &c.

Nota. 1°. L'on doit condamner en l'amende, quoique le Demandeur ait obtenu dispense de la consigner.

2°. En cas de contravention à l'Article du Reglement, qui défend de se pourvoir en cassation après qu'une premiere Requête a été rejettée, ou d'attaquer l'Arrêt qui l'a rejettée, on déclare la nouvelle Requête nulle, & l'on condamne à telle peine qu'il est jugé à propos. Art. 39.

II.

ARREST sur Requête pour demander des motifs.

LE ROY EN S. C. avant faire droit sur ladite Requête, Art. 26.

a ordonné & ordonne, que son Procureur Général au... (*nommer le Tribunal où l'Arrest ou le Jugement est intervenu*,) envoyera au Greffe du Conseil dans.... mois pour tout délai, les motifs de l'Arrêt (*ou du Jugement*) du.... (*Si c'est le Procureur Général qui a présenté la Requeste*,) Ordonne que les Officiers du... (*nommer le Tribunal*) envoyeront, &c. pour ce fait & rapporté, être statué ce qu'il appartiendra.

III.

ARREST sur Requête pour faire apporter les Charges & Procédures criminelles.

LE ROY EN S. C. avant faire droit sur ladite Requête, a ordonné & ordonne que dans.... pour tout délai, les Charges, Informations & autres Procédures sur lesquelles ledit Arrest est intervenu seront apportés au Greffe du Conseil, à quoi faire le Greffier de.... (*nommer le Tribunal*) sera contraint, même par corps, pour ce fait & rapporté, être statué sur ladite Requête, ainsi qu'il appartiendra.

Nota. Il peut se trouver des cas où l'on ordonne que les Minutes des Informations & autres Procédures seront apportées.

IV.

ARREST sur Requête pour introduire l'Instance de cassation.

Art. 18. LE ROY EN S. C. a ordonné & ordonne que ladite Requête sera communiquée à N.... pour y fournir de réponses dans les délais du Reglement, pour ce fait, ou faute de ce faire dans ledit délai, être ordonné ce qu'il appartiendra.

V.

ARREST sur Requête pour ordonner en même tems l'envoi des Motifs, l'apport des Charges, & le Communiqué.

LE ROY EN S. C. avant faire droit sur ladite Requête, a

ordonné & ordonne que son Procureur Général au...(*nommer le Tribunal où l'Arrest ou le Jugement est intervenu*) envoyera au Greffe du Conseil dans..... pour tout délai, les motifs de l'Arrêt (*ou du Jugement*) du... comme aussi que dans ledit délai les Charges, Informations & Procédures sur lesquelles ledit Arrest (*ou Jugement*) est intervenu, seront apportées audit Greffe du Conseil, à quoi faire sera le Greffier du.... (*nommer le Tribunal*) contraint même par corps; ordonne au surplus que ladite Requeste sera communiquée à M.... pour y fournir de réponses dans les délais du Reglement, pour le tout fait & rapporté, y être statué ainsi qu'il appartiendra.

V I.

ARREST sur Requête pour relever le Demandeur en cassation de laps du tems.

LE ROY EN S. C. a relevé & releve ledit N.... du laps de tems qui s'est écoulé depuis la signification de l'Arrest (*ou du Jugement*) du..... & avant faire droit sur sa demande en cassation dudit Arrest (*ou Jugement,*) a ordonné, &c. (*ou si l'on cassoit sur le champ*) a cassé & casse ledit Arrest, &c. *Ibid. Art. 15*

Nota. La Requête en relief de laps de temps doit être rapportée au Bureau en même tems que la Requête en cassation ; & lorsqu'on y a égard, on fait un seul vû des deux Requêtes pour éviter deux Arrêts ; mais si ces Requêtes sont rejettées, on écrit un Arrêt sur chaque Requête ; sur l'une, on déboute de la Demande en relief; sur l'autre, on déclare non-recevable dans la Demande en cassation, & l'on condamne en l'amende.

V I I.

ARREST pour prononcer la Cassation d'un Arrest ou Jugement.

LE ROY EN S. C. ayant égard à la Requeste, (*ou si l'Instance est introduite*) faisant droit sur l'Instance, a cassé & casse ledit Arrest (*ou Jugement*) du... & tout ce qui s'en est ensuivi; ce faisant, a évoqué & évoque les demandes & contestations sur lesquelles ledit Arrest (*ou Jugement*) est intervenu, & icelles circonstances & dépendances, a renvoyé & renvoye au... (*on laisse en blanc le nom de la Cour, pour être rempli de la main de M. le Chancelier*), pour y être fait droit aux Parties ainsi qu'il appartiendra, lui attribuant à cet effet S. M. toutes Cour, Jurisdiction & connoissance, qu'elle a interdites à ses autres Cours & Juges, ordonne que l'amende consignée par ledit A.... lui sera rendue, à ce faire le Receveur des amendes contraint, quoi faisant, il en sera bien & valablement déchargé;

(*En cas que l'on ne casse l'Arrest qu'en partie*, (a cassé & casse ledit Arrest (*ou Jugement*) du ... en ce que (*l'on rappelle les dispositions ou chefs de l'Arrest* (ou du Jugement) *qui sont cassés*;) ce faisant, a évoqué lesdites demandes & contestations en ce qui concerne les chefs ci-dessus énoncés, *& icelles*, *&c.*

VIII.

Regl. du C. I. P. Tit. 9. Art. 6.

Arrest pour évoquer le fond des contestations en prononçant la cassation d'un Arrêt ou Jugement.

Le Roy en s. c. (*comme dans l'Arrest ci-dessus*, *& au lieu des mots*) a renvoyé, (*on met*) a ordonné & ordonne que dans.... les Parties écriront & produiront sur le fonds desdites demandes & contestations, pour au rapport du Sieur N... Maître des Requestes que S. M. a commis & commet à cet effet, y être statué ainsi qu'il appartiendra, ordonne que l'amende, &c.

Nota. Le Rapporteur est commis par l'Arrêt même, pour éviter les frais d'un Committitur.

IX.

Regl. du C. I. P. Tit. 3.

Arrest sur Requête pour casser un Arrêt qui a reçû l'appel d'une Sentence rendue dans le cas où elle n'est pas sujette à l'appel.

Ibid. Art. 19. Le Roy en s. c. ayant égard à ladite Requeste, a cassé & annullé, casse & annulle ledit Arrest, & tout ce qui s'en est ensuivi; ce faisant, a ordonné & ordonne que ladite Sentence (*ou ledit Jugement*) du .... sera exécutée; condamne ledit N... (*celui qui fait recevoir l'appel*) aux frais & coût du présent Arrest, liquidés à la somme de... non compris la signification d'icelui, & le droit de Controlle.

V.

DEMANDES EN CASSATION DES JUGEMENS de Compétence. Regl. du C. I. P. Tit 5.

I.

ARREST sur Requête pour faire apporter les Charges & Procédures. Art. 6.

LE ROY EN S. C. avant faire droit sur la Requeste, a ordonné & ordonne que les Charges, Informations & autres Procédures sur lesquelles ledit Jugement a été rendu, seront apportées au Greffe du Conseil dans .... mois pour tout délai, à quoi faire seront tous Greffiers contraints, même par coprs; & néanmoins ordonne S. M. que la Procédure sera continuée jusqu'au Jugement définitif exclusivement, pardevant ... (*nommer le Juge qui a été déclaré competent*;) (*s'il y a une Partie civile, on ajoute*,) Ordonne au surplus que ladite Requeste sera communiquée à N.... (*la Partie civile*) pour y fournir de réponses dans .... pour ce fait, ou faute de ce faire dans ledit délai, être ordonné ce qu'il appartiendra. Art. 10.

Nota. Cet Arrest ne peut être rendu, si l'Écroue du Demandeur, & la Copie signifiée ou l'Expedition en forme du Jugement de compétence, ne sont joints & visés dans la Requeste. Art. 3. & 4.

I I.

ARREST définitif quand la Demande en cassation est bien fondée.

LE ROY EN S. C. ayant égard à la Requeste, a cassé & casse ledit Jugement du .... & tout ce qui s'en est ensuivivi; ce faisant, a renvoyé & renvoye l'accusation formée contre ledit N.... (*l'Accusé*) au (*nommer le Siége*) pour le Procès y être instruit & jugé à la charge de l'appel au ... (*nommer la Cour*,) & à cet effet, ordonne que les Pieces & Procédures seront remises au Greffe dudit ... (*nommer le Siége*,) à ce faire seront tous Gref- Art. 13.

siers & Dépositaires contraints, même par corps, quoi faisant, ils en seront bien & valablement déchargés; ordonne pareillement que ledit N.... (*l'Accusé*) sera transféré sous bonne & sûre garde dans les Prisons dudit... (*nommer le Siége.*)

Nota. S'il y a une Partie Civile, & que sur le Communiqué, on casse le Jugement, alors on prononce, (FAISANT DROIT SUR L'INSTANCE,) & on ajoute, Condamne M.... (*la Partie qui succombe*) AUX DEPENS.

III.

Art. 14. ARREST définitif quand la Procédure se trouve nulle, quoique la compétence ait été bien jugée.

LE ROY EN S. C. sans s'arrêter à la demande en cassation en ce qui concerne la competence, ayant égard au Requisitoire de son Procureur Général, a cassé & annullé les Procédures faites contre ledit N...... (*l'Accusé;*) ce faisant, ordonne qu'elles seront recommencées par le ... (*un autre Prevôt ou un autre Lieutenant*) que Sa Majesté a commis & commet, pour le Procès être par lui conjointement avec les Officiers du.... (*nommer la Sénéchaussée ou le Bailliage dans l'étendüe duquel le délit a été commis,*) instruit & jugé en dernier ressort.

(*Si les Procédures ont été faites en un Présidial, on prononce,*) Ordonne qu'elles seront recommencées au Présidial de...... (*nommer un Présidial*) auquel Sa Majesté a renvoyé & renvoye le Procès pour y être instruit & jugé présidialement & en dernier ressort.

Nota. 1°. Si la nullité tombe sur une Procédure faite par le Lieutenant Criminel, il y a des cas où l'on ordonne qu'elle sera recommencée par un autre Officier du Siége, sans renvoyer le Procès dans un autre Présidial.

2°. On ordonne quelquefois que les Procédures qui ont été annullées seront portées au Greffe du Siége où le Procès est renvoyé, pour y servir de Mémoire seulement.

3°. On ajoute aussi une disposition, à l'effet que les témoins entendus dans l'Information qui a été annullée, le puissent être de nouveau.

I V.

ARREST définifinitif quand la Demande en caſſation eſt mal fondée.

LE ROY EN S. C. a débouté & déboute ledit A... de... (*ou a déclaré & déclare ledit A... non recevable dans*) ſa demande en caſſation dudit Jugement, ordonne qu'il ſera exécuté; (*s'il y a une Partie civile & une Inſtance, on prononce,*) faiſant droit ſur l'Inſtance, a débouté... (*ou déclaré non recevable*) ledit A... & le condamne aux dépens.

DEMANDES EN CONTRARIETE' D'ARRESTS. Regl. du C. 1. P. Tit. 6.

I.

ARREST ſur Requête pour rejetter la Demande.

LE ROY EN S. C. a débouté & déboute ledit A... de ladite demande en contrarieté deſdits Arreſts, (*ou Jugemens*) (*ou*) a déclaré & déclare ledit A.... non-recevable en ſa .... Art. 5.

. . . .

I I.

ARREST ſur Requête pour introduire l'Inſtance en contrarieté.

LE ROY EN S. C. a ordonné & ordonne, que ladite Requeſte ſera communiquée à N.... pour y fournir de réponſes dans les délais du Reglement, pour ce fait, ouſaute de ce faire dans ledit délai, y être fait droit ainſi qu'il appartiendra. *Ibid.*

Nota. Ces Arrêts ne peuvent être rendus que ſur un rapport fait au Conſeil. Art. 4.

III.

ARREST définitif quand il y a contrarieté.

Art. 6. LE ROY EN S. C. ayant égard à la Requeste, (*ou faisant droit sur l'Instance*) sans s'arrêter audit Arrest (*ou Jugement*) du... a ordonné & ordonne que celui du ... sera exécuté ; (*si c'est sur une Instance, on ajoute*) condamne ledit.... (*le Défendeur*) aux dépens.

IV.

ARREST définitif quand il n'y a point de contrarieté.

Art. 5. LE ROY EN S. C. faisant droit sur l'Instance, sans s'arrêter à la demande dudit A.... dont S. M. l'a débouté, (*ou dans laquelle S. M. l'a déclaré non-recevable*,) a ordonné & ordonne que ledit Arrest (*ou Jugement*) du ..... sera exécuté, condamne ledit A.... en .... de dommages & intérêts envers ledit D.... (*s'il y a lieu d'en prononcer*) & aux dépens.

Regl. du C. P. Tit. 7.

REQUESTES EN REVISION.

I.

Art. 4. ARREST sur Requête pour faire apporter les Charges.

LE ROY EN S. C. avant faire droit sur ladite Requeste, a ordonné & ordonne que les Charges, Informations & Procedures sur lesquelles ledit (*Arrest ou Jugement*) a été rendu, seront apportées dans ... pour tout délai, au Greffe des Requestes de l'Hôtel, à quoi faire seront tous Greffiers contraints, même par corps, pour ladite Requeste & lesdites Charges, Informations & Procédures communiquées aux Sieurs Maîtres des Requestes, étant en quartier aux Requestes de l'Hôtel, être par eux, sur le rapport du sieur D.... Maître des Requestes, que S. M. a commis & commet à cet effet, donné leur avis fur ladite demande en revifion, & ledit avis vû & rapporté, être par Sa Majefté ftatué fur icelle, ainfi qu'il appartiendra.

I I.

ARREST fur ladite Requête quand elle eft mal fondée. Art. 5.

LE ROY EN S. C. a débouté & déboute ledit A.... de fa demande en revifion (*ou a déclaré & déclare ledit A.... non-recevable en fa demande en revifion.*)

Nota. Cet Arrêt ne peut être rendu que fur un rapport fait au Confeil, à la difference des demandes en caffation.

I I I.

ARREST définitif fur le vû des Charges & de l'avis des Maîtres des Requêtes, quand la Demande eft bien fondée. Art. 5.

LE ROY EN S. C. ayant égard à ladite Requefte, a ordonné & ordonne qu'il fera procedé au .... (*nommer la Cour*) à la revifion du Procès criminel jugé par ledit Arreft (*ou Jugement*) du.... contre ledit A.... même à nouveau Jugement d'icelui, s'il y échet, en attribuant S. M. audit... (*nommer la Cour*) toutes Cour, Jurifdiction & connoiffance qu'elle a interdites à fes autres Cours & Juges, à l'effet de quoi toutes Lettres à ce néceffaires feront expediées; ordonne que les Charges, Informations & Procedures dudit Procès, feront portées au Greffe dudit... (*nommer la Cour;*) à ce faire feront tous Greffiers & Dépofitaires contraints, même par corps, quoi faifant, ils en feront bien & valablement déchargés.

Nota. Si l'Accufé qui a été condamné & qui a demandé la revifion de fon Procès, eft en Prifon, on ordonne *qu'il fera transferé fous bonne & sûre garde dans les Prifons dudit* ...... (nommer *la Cour*,) s'il n'eft point en Prifon, & qu'il ait été originairement decreté de prife-de-corps, on met, *Ordonne S. M. que ledit (l'Accufé) fera tenu de fe mettre en état es Prifons dudit*... (*nommer la Cour*) *lors de la révifion dudit Procès*

Reg. du C. P. Tit. 8.

APPELS DES ORDONNANCES *ou Jugemens des Intendans, ou autres Juges commis par le Conseil, & des Capitaineries Royales.*

I.

Art. 1. ARREST sur Requête pour relever l'Appel au Conseil.

LE ROY EN S. C. a reçû & reçoit M......... Appellant de ladite Ordonnance (*ou Jugement;*) & pour être fait droit sur ledit appel, ordonne que la Requeste sera communiquée à N.... pour y fournir de réponses dans les délais du Reglement; pour ce fait, ou faute de ce faire dans ledit délai, être ordonné
Art. 2. ce qu'il appartiendra, le tout néanmoins sans préjudice de l'exécution de ladite Ordonnance (*ou Jugement*)

Nota. (*S'il y a lieu de faire des défenses, on retranche la clause de l'exécution provisoire, & l'on ajoute,*)

Et cependant S. M. a fait & fait défenses de mettre ladite Ordonnance (*ou Jugement*) à exécution, jusqu'à ce qu'autrement il en ait été par Elle ordonné.

Si l'on n'accorde les défenses que sur un Chef, on ordonne qu'il sera sursis à l'exécution de ladite Ordonnance (*ou Jugement*) en ce qui concerne.... (*exprimer le Chef.*)

I I.

Art. 4. ARREST sur Requête pour recevoir un pareil Appel & renvoyer aux Requestes de l'Hôtel, lorsqu'il y a lieu de faire une Instruction criminelle incidemment audit Appel.

LE ROY EN S. C. a reçû & reçoit ledit M.... Appellant de ladite Ordonnance, (*ou Jugement;*) & pour être fait droit sur ledit appel, a renvoyé & renvoye les Parties aux Requestes de l'Hôtel, pour y être statué par les Sieurs Maîtres des

Requeſtes, au rapport du Sieur N.... Maître des Requeſtes, que S. M. a commis & commet à cet effet, & ſur les Concluſions du Procureur Général de S. M. auſdites Requeſtes de l'Hôtel, ainſi qu'il appartiendra, leur attribuant à cet effet S. M. toutes Cour, Juriſdiction & connoiſſance, qu'elle a interdites à toutes ſes Cours & autres Juges.

III.

ARREST ſur Requête pour faire défenſes d'exécuter l'Ordonnance, Sentence ou Jugement dont l'Appel a été reçû.

LE ROY EN S. C. ayant égard à ladite Requeſte, a fait & fait défenſes de mettre à exécution ladite Ordonnance (*ou Jugement*) juſqu'à ce que par S. M. il en ait été autrement ordonné.

Nota. 1°. S'il y a Avocat conſtitué ſur l'appel de la part de l'Intimé, on n'accorde cet Arreſt, qu'après que la Requeſte afin de défenſes lui a été communiquée, au domicile de ſon Avocat.

2°. Les défenſes ne peuvent être accordées, en matiere criminelle, que ſur le vû des Charges. Art. 5.

IV.

ARREST ſur Requeſte pour faire apporter les Charges avant que d'accorder des Défenſes. Ibid.

LE ROY EN S. C. avant faire droit ſur ladite Requeſte, a ordonné & ordonne que dans... (*marquer un délai*,) les Charges, Informations & autres Procedures dudit Procès criminel, ſeront apportées au Greffe de ſon Conſeil, à quoi faire tous Greffiers & autres Dépoſitaires ſeront contraints, même par corps, pour le tout vû & rapporté, être ordonné ce qu'il appartiendra.

V.

ARREST définitif quand l'Appel eſt bien fondé.

LE ROY EN S. C. faiſant droit ſur l'Inſtance, ſans s'arrêter à ladite Ordonnance (*ou Jugement*,) a ordonné & ordonne, &c. condamne ledit D.... (*l'Intimé*) aux dépens.

V I.

ARREST définitif quand l'Appel eſt mal fondé.

LE ROY EN S. C. ſans s'arrêter audit appel ni aux demandes dudit A.... dont S. M. l'a débouté (*ou dans leſquelles S. M. l'a déclaré non-recevable*,) ordonne que l'Ordonnance ou le Jugement (*dont eſt appel*) ſera exécuté, & condamne ledit A.... en l'amende, & aux dépens.

Regl. du C. 1. P. Tit. 9.

AUTRES MATIERES QUI PEUVENT être portées au Conſeil.

I.

Art. 4.

ARREST ſur Requête pour admettre des Demandes au Conſeil, autres que les précedentes.

LE ROY EN S. C. a ordonné & ordonne que ladite Requeſte ſera communiquée à N.... pour y fournir de réponſes dans les délais du Reglement, pour ce fait, ou faute de ce faire dans ledit délai, y être par S. M. fait droit ainſi qu'il appartiendra.

I I.

Ibid.

ARREST pour débouter de ladite Requeſte.

LE ROY EN S. C. a débouté & déboute N.... de ſa demande, (*ou l'a déclaré & déclare non-recevable en ſa demande.*)

III.

III.

ARREST pour renvoyer la Demande devant les Juges qui en doivent connoître.

LE ROY EN S. C. a renvoyé & renvoye N.... à se pourvoir sur sadite demande pardevant les Juges qui en doivent connoître, (*ou*) a ordonné & ordonne, que sur les fins de la présente Requeste, ledit N.... se pourvoira, où & pardevant qui il appartiendra.

IV.

ARREST pour retenir le fond au Conseil incidemment à une Instance d'Evocation, de Reglement de Juges, ou autres.

LE ROY EN S. C. sans s'arrêter à la Cédule évocatoire, ni aux demandes formées en conséquence, (*ou*) (*aux Lettres en Reglement de Juges, ni aux demandes formées en conséquence,*) a évoqué & évoque à soy & à son Conseil, lesdites contestations d'entre lesdites Parties, a ordonné & ordonne que sur icelles, circonstances & dépendances, elles écriront & produiront dans .... pour tout délai, pour, au rapport du Sieur D.... Maître des Requestes, que S. M. a commis & commet à cet effet, y être statué ainsi qu'il appartiendra, tous dépens, dommages & intérêts (*s'il en est demandé*) réservés, (*ou*) condamne ledit N.., aux dépens. Art. 6.

V.

ARREST en conséquence d'un désistement porté par une Requeste donnée dans une Instance.

LE ROY EN S. C. a donné acte à N... du désistement porté par sa Requeste signifiée le ... en conséquence a ordonné & ordonne, (*suivant les conclusions de l'autre Partie,*) condamne ledit N... aux dépens faits jusqu'au jour de la signification de ladite Requeste.

Nota. Quelquefois la Partie à laquelle la Requête en désistement est signifiée, en demande acte, & alors on prononce, (*Le Roi en son Conseil a donné acte audit M... du désistement porté par la Requête de N... à lui signifiée le...*) en conséquence....

V I.

ARREST sur un désistement signifié par Acte.

LE ROY EN S. C. du consentement de N..... porté par l'Acte signifié à sa requeste le... (*ou du consentement des Parties porté par Acte du...*) lequel demeurera attaché à la minute du présent Arrest, a ordonné & ordonne (*suivant les conclusions,*) condamne ledit N....... aux dépens faits jusqu'au jour de la signification dudit Acte.

Nota. 1°. S'il y a lieu d'obtenir un Arrêt sur Requête, l'Acte de désistement ou de consentement doit être visé dans la Requeste en vû d'Arrest, & joint à icelle.

2°. Ces Arrests en tous les cas, doivent être rendus au rapport du Rapporteur de l'Instance, & l'on ne doit pas faire une Instance séparée sur le désistement.

3°. Il faut que le Rapporteur communique préalablement l'affaire à l'Assemblée des Requestes de l'Hôtel, ou aux Commissaires du Conseil, s'il y en a eu de nommés pour l'Instance.

4°. Il est d'usage de signer l'Arrest sans faire de rapport au Conseil, si ce n'est qu'il fût nécessaire de déliberer sur les dépens, ou dommages & intérêts.

Regl. du C. P. P. Tit. 10.

OPPOSITIONS AUX ARRESTS DU CONSEIL.

I.

Art. 5.

ARREST pour introduire l'Instance d'opposition.

LE ROY EN S. C. a ordonné & ordonné que la Requeste sera communiquée à N... pour y fournir de réponses dans les délais du Reglemennt, pour ce fait, ou faute de ce faire dans ledit délai, y être fait droit ainsi qu'il appartiendra.

Art. 1. 3. & 4. *Nota.* 1°. L'opposition ne doit être formée par Requête en vû d'Arrest, que quand elle n'a point été formée dans l'année du jour de l'obtention de l'Arrest auquel on s'oppose, ou quand l'Avocat qui occupoit lors dudit Arrest, est décedé avant l'expiration de cette année : Dans les autres cas, elle doit être formée par une simple Requeste, qui se répond d'une Ordonnance du Rapporteur.

2°. La Requeste doit contenir l'énonciation des Pieces sur lesquelles elle est fondée ; & ces Pieces, notamment l'Arrest auquel l'opposition est formée, y doivent être jointes. Art. 1.

3°. Si ces oppositions sont incidentes à une Instance, il faut recourir au Tit. 7. de la seconde Partie, qui regle la maniere dont elles doivent être formées.

4°. Ces oppositions ne peuvent être formées par un simple Acte, à peine de nullité, &c.

I I.

ARREST définitif sur l'Instance d'opposition quand elle est bien fondée.

LE ROY EN S. C. faisant droit sur l'Instance, a reçû & reçoit ledit A.... opposant audit Arrest du .... ce faisant, a ordonné & ordonne.... (*suivant les Conclusions*,) & condamne ledit N.... aux dépens, (*ou*) ayant égard à l'opposition dudit A.... à l'Arrest du ... &c. a ordonné & ordonne... &c.

I I I.

ARREST définitif quand ladite Opposition est mal fondée.

LE ROY EN S. C. faisant droit sur l'Instance, sans s'arrêter à ladite opposition, dans laquelle S. M. a déclaré ledit A.... non-recevable (*ou mal fondé*) (*ou dont S. M. a débouté ledit A....*) a ordonné & ordonne que ledit Arrest sera exécuté, & condamne ledit A.... en l'amende de 75 liv. envers S. M. & de 75 liv. envers ledit D.... (*si c'est une tierce-opposition*,) & aux dépens.

ARRESTS

Regl. du Conseil, seconde Partie.

Qui peuvent intervenir pendamt le cours de l'instruction d'une Instance, & qui ont rapport à la seconde Partie du Reglement du Conseil.

Tit. prem.

ASSIGNATIONS.

I.

Art. 7.

ARREST sur Requeste pour permettre de mettre en Cause de nouvelles Parties qui ont été obmises dans les Lettres ou dans l'Arrest introductif de l'Instance, quand il n'y a pas de Conclusions au fond dans ladite Requeste.

LE ROY EN S. C. a ordonné & ordonne qu'aux fins de la présente Requeste, N.... sera assigné au Conseil dans les délais du Reglement, pour être l'Instance pendante au Conseil entre M.... & P.... instruite & jugée avec ledit N.... en la forme ordinaire, & suivant les derniers erremens.

II.

ARREST sur Requeste pour le même objet, lorsqu'il y a des Conclusions au fond, dans la Requeste en vû d'Arrest.

LE ROY EN S. C. a ordonné & ordonne que la Requeste sera communiquée à N.... pour y fournir de réponse dans les délais du Reglement, & jointe à l'Instance pendante entre M.... & P.... pour en la jugeant, y être fait droit ainsi qu'il appartiendra.

Ibid.

(S'il paroît que c'est par affectation que ladite obmission a été faite, on ajoûte à cet Arrest & au précédent,)

Et sera ladite Instance instruite avec ledit N.... aux frais dudit

M.... (*celui qui a obmis de comprendre la Partie, que l'on met en Cause, dans les Lettres ou Arrests introductifs de l'Instance,*) lesquels il ne pourra repeter.

Nota. Quand une Partie a des Conclusions à prendre contre celui qu'elle veut mettre en Cause, on ne doit pas négliger de les inserer dans sa Requête en vû d'Arrêt, parce qu'au moyen du communiqué, on évite l'Assignation, la présentation & le défaut, qui sont des suites de l'Arrêt portant permission d'assigner, & si la Partie mise en Cause à laquelle l'Arrêt de communiqué a été signifié, ne fournit point de réponse dans le délai, le Conseil est en état de passer outre au Jugement de l'Instance sans autre Procédure, & l'Arrêt qui est contradictoire avec les autres Parties, est réputé l'être aussi avec celle qui n'a pas répondu ; si elle répond, l'Instance, à plus forte raison, se trouve en état d'être jugée contradictoirement.

III.

ARREST sur Requeste pour permettre au Défendeur de faire assigner, ou de faire signifier l'Arrest de communiqué à une Partie comprise dans les Lettres ou Arrest introductifs d'Instance, quand le Demandeur ne l'a pas fait assigner, ou ne lui a pas fait signifier ledit Arrest.

Ibid. Art. 9.

LE ROY EN S. C. ayant égard à la Requête, a permis & permet à M.... de faire assigner N.... au Conseil, dans.... pour tout délai, (*ou de faire signifier à N.... l'Arrest du Conseil du.... dans.... pour tout délai*;) ordonne que ledit M.... sera remboursé par ledit P.... (*Demandeur*) des frais de ladite Assignation (*ou signification,*) & ensemble des frais & coût du présent Arrêt, que S. M. a liquidés, non compris la signification d'icelui, & le droit de Controlle, à la somme de....

Nota. La sommation faite à l'Avocat du Demandeur de justifier de l'Assignation, & sa réponse, doivent être visés & joints à la Requête en vû d'Arrêt.

Regl. du C. 2. P. Tit. 2.

DEFAUTS.

I.

Art. 3.

ARREST sur Requeste pour permettre au Défendeur de lever un Défaut contre un autre Défendeur, faute par le Demandeur de l'avoir levé.

LE ROY EN S. C. ayant égard à la Requête, a permis & permet audit N.... de lever le défaut contre P.... au lieu & place dudit M.... (*le Demandeur ;*) ordonne que ledit N.... sera remboursé par ledit M.... des frais dudit défaut, de la sommation, & du présent Arrêt, lesquels S. M. a liquidés à la somme de... y compris le coût du présent Arrest, & non compris la signification d'icelui ni le droit de Controlle.

Ibid. *Nota.* 1°. On peut ajouter une condamnation de dommages & intérêts contre le Demandeur, ou contre son Avocat, quand ils ne seroient pas demandés.

2°. La sommation faite à l'Avocat du Demandeur de déclarer si les autres Parties assignées ont constitué Avocat, & le nom de cet Avocat, avec déclaration que faute par lui de lever le Défaut contre les Parties, le Défendeur se pourvoira pour être autorisé à le lever aux frais du Demandeur, doit être énoncée & jointe à la Requête.

I I.

ARREST par defaut sur une Instance introduite par Assignation.

Art. 6. LE ROY EN S. C. a déclaré & déclare le Défaut levé au Greffe de son Conseil le.... contre ledit M.... bien obtenu ; & pour le profit a ordonné & ordonne, &c. (*suivant les Conclusions du Demandeur*,) & condamne ledit M.... aux dépens, liquidés à la somme de.... y compris le coût du présent Arrest, & non compris la signification d'icelui ni le droit de Controlle.

III.

ARREST par défaut ſur une Inſtance introduite par Arreſt de Communiqué. Art. 8.

LE ROY EN S. C. a ordonné & ordonne (*ſuivant les Concluſions du Demandeur*,) & a condamné ledit M.... aux dépens, liquidés à la ſomme de .... y compris, &c.

Nota. On ne déclare pas le défaut bien obtenu, parce qu'il ne ſe leve de défaut que quand l'Inſtance eſt introduite par Aſſignation.

IV.

ARREST ſur Requeſte pour être reſtitué contre un Arreſt par défaut. Art. 11.

LE ROY EN S. C. ayant égard à la Requête, a remis & remet M.... (*la Partie défaillante*) en l'état qu'il étoit avant l'Arrêt du Conſeil du.... fait S. M. défenſe de faire aucunes Procédures en exécution d'icelui, à peine de nullité, & de tous dépens, dommages & intérêts.

(*Dans les Inſtances d'Evocation ou de Reglement de Juges, il eſt néceſſaire d'ajouter*,) Art. 13.

Ordonne néanmoins Sa Majeſté, qu'en cas qu'il fut intervenu une Sentence ou un Arrêſt définitif entre les Parties ſur ladite conteſtation au...(*nommer la Juriſdiction ou le Parlement auquel l'Affaire a été renvoyée par l'Arreſt par défaut*) avant le préſent Arreſt ou la ſignification d'icelui, le préſent Arreſt ſera & demeurera comme non avenu.

Nota. 1°. Ces ſortes d'Arrêts ſont également néceſſaires pour revenir contre les Arrêts rendus par défaut ſur les Inſtances introduites par Arrêt de communiqué. Art. 16.

2°. La Quittance de refuſion des dépens du Défaut, ou l'Acte d'offres portant conſignation d'iceux, doivent être joints & viſés dans la Requête. Art. 11.

3°. Comme cet Arrêt doit être obtenu & ſignifié dans les délais preſcrits par l'Art. XI, ſi la Requête étoit préſentée poſtérieurement, elle ſeroit rejettée. Art. 12.

4°. L'Arrêt de reſtitution eſt refuſé, ſi l'Arrêt rendu par défaut contre la Partie qui demande la reſtitution, eſt rendu contradictoirement avec une autre Partie, qui a le même intérêt qu'elle. Art. 14.

5°. Ces sortes d'Arrêts doivent être accordés sans retardement, à cause des délais portés par les Art. XI. & XII. de ce Titre.

Regl. du C. 1. P. Tit. 5.

FORCLUSIONS.

I.

Art. 2. **ARREST pour juger une Instance par Forclusion.**

LE ROY EN S. C. faisant droit sur l'Instance, a... (*suivant les Conclusions de la Partie qui poursuit le Jugement par forclusion,*) & a condamné ledit M.... (*la Partie forclose*) aux dépens, liquidés à la somme de.... y compris le coût du présent Arrêt, & non compris la signification d'icelui ni le droit de Controlle.

Nota. L'Arrêt par défaut, est celui qui est rendu contre une Partie qui n'a pas constitué Avocat dans les délais de l'Assignation ou de la signification de l'Arrêt de communiqué.

L'Arrêt par forclusion, est celui qui est rendu contre une Partie qui a constitué Avocat, mais qui n'a pas fourni sa premiere Requête d'Instruction & remis sa production dans les délais du Reglement.

Pour obtenir la Forclusion il faut,

Ibid. Art. 1. 1°. Que la Partie qui a produit, ait fait faire, par son Acte de produit, sommation de produire, à la Partie qui n'a pas produit, à peine de demeurer forclose.

Art. 2. 2°. Qu'elle remette au Rapporteur un Certificat du Greffier du Conseil, portant qu'il n'a été remis aucune Production au Greffe de la part de ladite
Art. 2. Partie.

Art. 3. 3°. Que ledit Acte & la Production soient visés dans l'Arrêt.

4°. Que l'Instance soit communiquée à l'Assemblée des Maîtres des Requêtes : Dans les Matieres Domaniales, de Finance & Ecclésiastiques, il faut aussi en communiquer au Bureau du Domaine & des Finances, ou au
Art. 3. Bureau Ecclésiastique.

Art. 4. 5°. Que l'affaire soit rapportée au Conseil.

6°. S'il y a plusieurs Parties, & qu'une seule d'elles ait produit, la Forclusion ne peut être jugée que par l'Arrêt qui est rendu contradictoirement avec celle qui a produit.

7°. La sommation de produire ne doit être faite qu'après l'échéance des délais, de l'Assignation, ou de la signification de l'Arrest de communiqué, ou si elle étoit faite auparavant, le délai qui doit courir du jour de cet Acte, pour obtenir la Forclusion, ne coureroit que du jour de l'expiration des délais desdites Assignations & significations.

INCIDENTS.

INCIDENTS.

Regl. du C 2. P. Tit. 7.

I.

ARREST sur Requête pour introduire un Incident préalable, avant que le Deffendeur ait constitué Avocat. Art. 9.

LE ROY EN S. C. a ordonné & ordonne que ladite Requête sera communiquée a M.... en son domicile, pour y fournir de réponse dans les délais du Reglement, pour ce fait ou faute de ce faire dans ledit délai, être ordonné ce qu'il appartiendra.

Nota. 1°. Si le Deffendeur avoit constitué Avocat sur l'Instance principale, cet Incident ne pourroit être formé que par Requête ordinaire, répondue par le Rapporteur de l'Instance, d'une Ordonnance de communiqué au domicile dudit Avocat, pour y répondre dans trois jours. Art. 3.

Les Incidents préalables concernent ordinairement les qualités prises par une Partie relativement à l'Instance, les demandes en décharge d'Assignation, ou pour obliger une Partie de donner caution ou de se mettre en état, ou autres de pareille nature, sur lesquels il est nécessaire de statuer préalablement, avant de pouvoir instruire ou juger l'Instance. *Ibid.*

2°. Comme ces demandes ne peuvent être formées par Requête en vû d'Arrêt, que quand il n'y a pas encore d'Avocat constitué de la part de la Partie adverse, & qu'alors il ne peut y avoir de Rapporteur commis, la Requête se remet à celui des Maîtres des Requêtes qui s'en veut charger. Art. 9.

3°. Il faut que l'Incident préalable soit bien important & bien pressé, pour qu'il soit introduit avant que la Partie ait constitué Avocat.

4°. Si cette demande incidente étoit de nature à y être statué, sans ordonner de communiqué, il pourroit y être fait droit par ledit Arrêt, *v. g.* une demande en cassation de Procédures attentatoires, &c. *Ibid.*

5°. On ne reçoit aucune demande incidente sur les qualités générales & personnelles des Parties, comme Ecuyer, &c. ni sur les qualités qui n'ont rapport qu'au fond de la contestation pendante devant d'autres Juges, ni sur le payement des frais préjudiciaux pour un défaut non jugé. Art. 1.

I I.

Art. 8. **ARREST sur Requête pour faire apporter au Greffe du Conseil des Procédures, Charges, Informations ou autres Pieces.**

LE ROY EN S. C. a ordonné & ordonne que les Charges, Informations & Procédures dudit Procès criminel, (*ou telle Piece*) (*s'il s'agit de quelques Titres nécessaires,*) seront apportées au Greffe du Conseil dans... pour tout délai, à ce faire le Greffier du.... ou autre dépositaire contraint, même par corps, pour lesdites Procédures, Charges & Informations, (*ou lesdites Pieces*) rapportées, (*ou pour ce fait*) être ordonné ce qu'il appartiendra.

Ibid. *Nota.* 1°. S'il y a un Rapporteur commis sur l'Instance en laquelle ces Pieces sont nécessaires, l'Arrêt ne peut être donné qu'à son rapport.

2°. Cette demande ne peut être formée que par Requête en vû d'Arrêt, & ne peut être introduite par Lettres, ni par simple Requête.

I I I.

Art. 9. **ARREST sur Requête pour joindre à l'Instance principale une Demande incidente.**

LE ROY EN S. C. a ordonné & ordonne que ladite Requête sera & demeurera jointe à l'Instance pendante au Conseil entre... pour en la jugeant, y être fait droit, conjointement ou autrement, ainsi qu'il appartiendra.

I V.

ARREST sur Requête pour en débouter

LE ROY EN S. C. sans s'arrêter à la Requête, a ordonné & ordonne qu'il sera passé outre à l'Instruction & au Jugement de l'Instance.

V.

ARREST sur Requête pour introduire une Demande en assistance de Cause, en garantie, ou pour voir déclarer l'Arrêt commun. Art. 10.

LE ROY EN S. C. a ordonné & ordonne que la Requête sera communiquée à N.... pour y fournir de réponses dans les délais du Reglement, & jointe à l'Instance pendante entre M.... & P... pour en jugeant, y être conjointement ou autrement fait droit, ainsi qu'il appartiendra, le tout sans retardation du Jugement de ladite Instance.

Nota. 1°. Si ces demandes sont formées par le Demandeur originaire dans l'Instance principale, cet Arrêt n'est nécessaire que quand elles n'ont pas été comprises dans les Lettres ou Arrêts introductifs de l'Instance, comme elles le doivent être; & en ce cas, s'il y avoit eu de l'affectation à les y obmettre, l'on ajoute à l'Arrêt, (*que les frais de l'Incident ne pourront être repetés par le Demandeur*;) si elles sont formées par le Deffendeur, il faut toujours un Arrêt ou des Lettres du Grand Sceau, parce qu'elles ne peuvent être formées par simple Requête. *Ibid.*

2°. S'il y a un Rapporteur commis sur l'Instance, ces Arrêts ne peuvent être rendus qu'à son rapport.

VI.

ARREST pour introduire une Opposition incidente à des Arrêts ou Jugemens produits dans une Instance, depuis la signification des Requêtes d'Instruction. Art. 14.

LE ROY EN S. C. a ordonné & ordonne que la Requête sera communiquée à N.... pour y fournir de réponses dans les délais du Reglement, & jointe à l'Instance pendante entre N.... & P... pour en jugeant, y être fait droit conjointement ou autrement, ainsi qu'il appartiendra.

Nota. Ces Oppositions doivent être formées par les Requêtes qui peu- Art. 14.

vent être présentées par les Parties pour l'instruction de l'Instance ; c'est-à-dire, par les deux Requêtes d'instruction, & par celles de production nouvelle ou de réponse à production nouvelle ; ainsi cet Arrêt ne peut être accordé que quand, toutes ces Requêtes se trouvant signifiées, il ne reste plus à l'Opposant d'autre maniere de se pourvoir ; lorsqu'elles sont formées par les Requêtes d'instruction, la simple Ordonnance *d'en jugeant* suffit pour les admettre & les joindre à l'Instance ; mais elles ne peuvent être formées par Lettres du Grand Sceau, parce qu'elles exigent déliberation pour être admises, & sont susceptibles d'être jugées de differente maniere, toutes les fois qu'il est besoin d'un Arrêt pour les admettre.

VII.

Art. 14. **ARREST interlocutoire pour renvoyer le Jugement de l'Opposition devant les Juges ordinaires.**

LE ROY EN S. C. avant faire droit sur l'Instance pendante entre M.... & N.... a ordonné & ordonne que N.... se pourvoira sur ladite opposition devant les Juges qui en doivent connoître, pour y être statué ainsi qu'il appartiendra, & ce dans.... pour tout délai, pour ce fait & rapporté, ou faute de ce faire dans ledit délai, être passé outre au Jugement de l'Instance.

VIII.

Ibid. **ARREST pour renvoyer simplement ladite Opposition devant les Juges ordinaires.**

LE ROY EN S. C. a renvoyé & renvoye ledit N.... à se pourvoir sur ladite opposition pardevant les Juges qui en doivent connoître, & cependant a ordonné & ordonne qu'il sera passé outre à l'Instruction & au Jugement de l'Instance pendante au Conseil entre lesdites Parties,

(*ou*)

LE ROY EN S. C. a ordonné & ordonne qu'il sera passé outre à l'instruction & Jugement de l'Instance d'entre ledit M.... & N.... sauf audit N... à se pourvoir sur son opposition, ainsi & pardevant qui il appartiendra.

I X.

ARREST sur Requête pour introduire une Demande en cassation de Procédures attentatoires à l'autorité du Conseil. Art. 16.

LE ROY EN S. C. a ordonné & ordonne que ladite Requête sera communiquée à N.... pour y fournir de réponses dans les délais du Reglement ; ordonne au surplus qu'elle sera & demeurera jointe à l'Instance, pour en jugeant, y être conjointement ou séparement fait droit, ainsi qu'il appartiendra ; & cependant, a fait & fait itératives inhibitions & défenses à N... de faire aucunes poursuites ni Procédures en .... jusqu'à ce qu'autrement il en ait été ordonné, à peine de nullité d'icelles, de.... d'amende, & de tous dépens, dommages & intérêts.

Nota. 1°. Cette Demande doit être formée par les Requêtes d'instruction, comme les oppositions ci-dessus, & alors, elle s'introduit par simple Ordonnance, *d'en jugeant ;* ainsi cet Arrêt n'est nécessaire, que quand toutes les Requêtes d'instruction ont été signifiées. *Ibid.*

2°. Il faut faire attention si les Procédures ne sont point purement conservatoires, auquel cas, la Requête ne peut être admise.

3°. Si l'attentat étoit évident, on pourroit, sur cette Requête, casser les Procédures sans instruction, & renouveller les défenses.

4°. Il pourroit se trouver aussi des cas si pressans, que cette Requête seroit admise, quoiqu'il il y eût encore des Requêtes d'instruction à fournir, soit afin de faire cesser l'attentat sur le champ, soit pour le prévenir par des défenses plus séveres.

X.

ARREST sur Requête pour casser ladite Procédure sur le champ.

LE ROY EN S. C. a cassé & annullé, casse & annulle, comme attentatoires à son autorité, (*ou comme faites au préjudice des défenses portées par les Lettres ou Arrêt du....*) toutes les Procédures faites en .... (*nommer le Tribunal*) depuis la signification desdites Lettres (*ou Arrêt*) jusqu'à présent, (*ou nommer & dater toutes les Procédures ou Jugemens ;*) fait S. M. itératives défenses, &c. (*comme en l'Arrêt précédent ;*) (*on peut même ajou-*

ter) & a condamné ledit...... (*celui qui a fait les Procédures*) en.... de dommages & intérêts envers ledit A.... (*le Demandeur,*) & aux frais & coût du présent Arrêt, liquidés, non compris la signification d'icelui, & le droit de Controlle, à la somme de.... (*quelquefois on ordonne qu'en ce qui concerne ces dernieres demandes, la Requête sera communiquée à N.... &c. & jointe à l'Instance.*)

Art. 16.

Art. 17. *Nota.* Les Demandes en assistance de Cause, en garantie ou pour voir déclarer l'Arrêt commun, les Oppositions incidentes & les Demandes en cassation de Procédures attentatoires, sont toujours jointes de plein droit à l'Instance, & sans qu'il soit nécessaire de l'ordonner, toutes les fois qu'elles n'ont pas été introduites par un Arrêt.

Art. 18. A l'égard des Demandes en jonction d'Instance, elles se forment par simple Requête, répondue d'une Ordonnance de communiqué, comme les autres incidents; & cette Requête doit être remise au Rapporteur de l'Instance dont la Jonction est demandée; après qu'il y a été répondu, ou faute d'y répondre, il intervient l'Arrêt ci-dessous.

X I.

Art. 18.

ARREST pour ordonner la Jonction de deux Instances.

LE ROY EN S. C. faisant droit sur l'Incident, a ordonné & ordonne que l'Instance pendante en son Conseil entre A.... & L... au rapport du sieur D... Maître des Requêtes, sera & demeurera jointe à l'Instance pendante en sondit Conseil entre M... & N... au rapport du sieur C... Maître des Requêtes (*celui de l'Instance, à laquelle l'Instance dont la Jonction est demandée, se trouve jointe*) pour y être fait droit par un seul & même Jugement, sauf à disjoindre s'il y échet; condamne ledit... (*la Partie qui s'y est opposée*) aux dépens de l'incident, liquidés à la somme de... non compris le coût & la signification du présent Arrêt, ni le droit de Controlle.

1. P. Tit. 3. Art. 12.

V I I.

ARREST pour débouter la Jonction.

LE ROY EN S. C. sans s'arrêter à la demande de N.... dont S. M. l'a débouté, a ordonné & ordonne qu'il sera passé outre à l'Instruction & Jugement desdites Instances, suivant les derniers erremens, & a condamné ledit B.... aux dépens de l'ncident, liquidés, (*comme en l'Arrêt précédent.*)

XIII.

ARREST sur Requête pour avoir permission de faire assigner une Partie en reprise d'Instance. Tit. 7. Art. 19.

LE ROY EN S. C. a ordonné & ordonne, que, aux fins de la présente Requête, N... sera assigné en son Conseil, dans les délais du Reglement.

Nota. Quand il y a une Production faite, ou une Requête signifiée de la part de la Partie décédée, avant son décès, si la Partie assignée n'a pas repris l'Instance dans les délais, elle est jugée sur la simple remise faite au Rapporteur, de l'Assignation en reprise, sans qu'il faille lever de défaut, & sans Procédures, & l'Arrêt est réputé contradictoire. Art. 19.

S'il n'y a eu ni Production faite, ni Requête signifiée de la part de la Partie décédée, il faut lever un défaut sur l'Assignation en reprise, & en demander le profit par une Requête, sur laquelle faute d'avoir repris l'Instance, elle est jugée par défaut contre l'Assigné en reprise.

XIV.

ARREST sur Requête pour avoir permission d'assigner une Partie en constitution de nouvel Avocat. Art. 25.

LE ROY EN S. C. a ordonné & ordonne qu'aux fins de la présente Requête, N... sera assigné au Conseil dans les délais du Reglement.

Nota. 1°. Si avant le décès de l'Avocat, il y a une Production faite, ou une Requête signifiée de la part de l'Assigné en constitution de nouvel Avocat, faute d'en constituer un, l'Instance se juge sur la simple remise au Rapporteur, de l'Assignation en constitution de nouvel Avocat, sans lever de défaut ni autres Procédures, & l'Arrêt est réputé contradictoire; s'il n'y a eu ni Production, ni Requête signifiée de la part de ladite Partie, il faut lever un défaut sur ladite Assignation, sur lequel, faute d'avoir constitué Avocat, l'Instance est jugée par défaut.

2°. Sur ces deux Assignations, en reprise d'Instance & en constitution de nouvel Avocat, il faut observer encore, 1°. qu'elles peuvent être données tant par le Demandeur au fond, que par le Deffendeur, & avant, ou après qu'ils ont produit ou fait signifier leur premiere Requête en l'Instance prin-

cipale ; si c'est auparavant, il faut qu'ils prennent des Conclusions au fond sur ladite Instance principale, dans les Lettres ou Arrêts portant permission d'assigner, & dans les Exploits donnés en conséquence, afin d'être en état d'obtenir le Jugement du fond, sur la simple remise de leur Exploit d'assignation, faute par la Partie assignée de reprendre l'Instance, ou de constituer
Art. 25. un nouvel Avocat. 2°. Que ces deux demandes peuvent être formées par Lettres du Grand Sceau, comme par Arrêt, & le sont le plus souvent, parce que les Lettres coûtent moins.

X V.

Art. 31. **ARREST sur Requête pour introduire toute autre Demande incidente que celles ci-dessus.**

LE ROY EN S. C. a ordonné & ordonne que la Requête sera communiquée à D... au domicile de son Avocat, pour y fournir de réponses dans ... pour tout délai, & jointe à l'Instance, pour en jugeant, y être fait droit, conjointement ou autrement, ainsi qu'il appartiendra.

Nota. 1°. Si l'Avocat étoit décédé, il faudroit, pour former cette demande, attendre qu'il eût été constitué un Avocat à sa place ; si cependant la Partie se laissoit coutumacer pour le constituer, le Communiqué pourroit être ordonné à son domicile.

2°. Cet Arrêt ne s'accorde qu'après un grand examen ; car si la Requête ne contenoit que de plus amples Conclusions dans l'Instance, ou des Conclusions rectifiées, la Partie seroit renvoyée à les prendre par ses Requêtes d'Instruction, & il peut arriver que l'Arrêt ne soit demandé que pour augmenter la Procédure, & avoir le moyen de multiplier les Requêtes d'Instruction, parce que le Communiqué met en droit d'en donner une de plus, & recommence, pour ainsi dire, une nouvelle Instruction.

3°. Il n'y a que le Rapporteur de l'Instance qui puisse se charger de cette Requête ; & si la visite du Procès est commencée devant des Commissaires, il faut qu'elle leur soit communiquée, & non au Bureau des Instructions, parce que c'est aux premiers à juger si elle mérite d'arrêter le Jugement de l'Instance.

4°. Il n'est pas question ici des Incidens préalables dont on a parlé ci-dessus, Art. I.

INTERVENTIONS.

INTERVENTIONS.

Regl. du C. 2. P. Tit. 8.

I.

ARREST sur Requête pour recevoir une Intervention. Art. 4.

LE ROY EN S. C. a reçu & reçoit N... Partie intervenante en l'Instance d'entre M.... & P... lui donne Acte de l'emploi porté par sa Requête, ordonne au surplus, que ladite Requête sera jointe à ladite Instance, pour en jugeant, y être fait droit conjointement ou autrement, ainsi qu'il appartiendra.

Nota. 1°. La Requête en vû d'Arrêt doit contenir les Conclusions de l'Intervenant sur le fond de la contestation, & l'énonciation des Pieces sur lesquelles l'Intervention est fondée, (s'il y en a) elle doit être employée avec lesdites Pieces, pour écritures & production, sans quoi elle est rendue à l'Avocat pour la réformer. *Ibid.* Art. 1.

2°. Elle doit être remise au Rapporteur de l'Instance, ou s'il n'y en a point encore, à celui des Maîtres des Requestes qui s'en veut charger. Art. 2.

3°. La Requête d'Intervention doit être communiquée aux Commissaires chargés de l'examen des Requêtes en vû d'Arrêt, à moins que la visite de l'Instance, dans laquelle la Partie veut intervenir, n'ait été commencée par des Commissaires à ce députés, auquel cas elle doit leur être communiquée. Art. 3.

4°. L'opposition à l'Arrêt qui reçoit l'Intervention, se forme par une simple Requête, & non par Requête en vû d'Arrêt, & s'instruit comme les Incidens préalables. Art. 6.

II.

ARREST pour ordonner le Communiqué de ladite Demande.

LE ROY EN S. C. a ordonné & ordonne que ladite Requête sera communiquée à M... & à N... (*les Parties de l'Instance*) au domicile de leurs Avocats, pour y fournir de réponses dans trois jours pour tout délai, pour ce fait, ou faute de ce faire, être statué ce qu'il appartiendra.

Nota. Il est rare que l'on ordonne un communiqué sur une demande en intervention; & à moins qu'il ne se trouve quelque difficulté extraordinaire, l'intervention est reçue ou refusée sur la simple Requeste.

III.

ARREST pour débouter de ladite Demande.

LE ROY EN S. C. a débouté & déboute ledit N.... de sa demande.

Regl. du C. 2. P. Tit. 9.

DESAVEUX.

I.

Art. 6.

ARREST sur Requête pour permettre de former le Désaveu.

LE ROY EN S. C. a permis & permet audit N... de former son désaveu au Greffe du Conseil, dans les délais prescrits par le Reglement, pour y être fait droit ainsi qu'il appartiendra ; ordonne que faute par lui de ce faire dans ledit délai, il sera passé outre au Jugement de l'Instance principale.

Art. 1. *Nota.* 1°. La Quittance de consignation de 150 liv. doit être jointe à la Requête & visée dans l'Arrêt.

Art. 2. 2°. La Requête doit être signée non-seulement de l'Avocat, mais même de la Partie, ou du porteur de sa Procuration speciale, passée devant Notaire, dont l'expédition doit être jointe & visée.

Art. 3. 3.° La Requête & les Pieces ne peuvent être remises qu'au Rapporteur de l'Instance, & l'Arrêt est toujours délibéré au Conseil.

Art. 2. 4°. Cette demande ne peut être introduite, autrement que par Arrêt.

II.

Art. 4.

ARREST pour rejetter ladite Demande.

LE ROY EN S. C. sans s'arrêter à ladite Requête, a ordonné & ordonne qu'il sera passé outre au Jugement de l'Instance, & que la somme de 150 livres consignée ès mains du Greffier, sera par lui remise & délivré à N...

I I I.

ARREST pour joindre ladite Demande à l'Inſtance. Art. 5.

LE ROY EN S. C. a ordonné & ordonne, que ladite Requête demeurera jointe à l'Inſtance, pour y être fait droit lors du Jugement d'icelle, ainſi qu'il appartiendra.

I V.

ARREST interlocutoire pour renvoyer le Jugement du Déſaveu devant les Juges ordinaires. Art. 7.

LE ROY EN S. C. a renvoyé & renvoye N.... à ſe pourvoir pardevant.... (*nommer le Tribunal,*) (*ou pardevant les Juges qui en doivent connoître*) pour être ledit Déſaveu inſtruit & jugé dans .... mois pour tout délai ; pour ce fait, ou faute de ce faire dans ledit délai, être par S. M. fait droit ſur l'Inſtance, ainſi qu'il appartiendra.

V.

ARREST pour joindre l'Incident à l'Inſtance, après que le Déſaveu a été admis.

LE ROY EN S. C. a joint ledit Incident à l'Inſtance, pour en jugeant, y être fait droit, ainſi qu'il appartiendra, tous dépens, dommages, intérêts réſervés.

V I.

ARREST définitif ſur le Déſaveu, lorſqu'il eſt jugé valable.

LE ROY EN S. C. faiſant droit ſur l'Incident, a déclaré & déclare ledit....bien & valablement déſavoué ; ce faiſant, ordonne que l'Acte du .... (*où la Procédure faite par le miniſtere de....*) ſera rejetté du Procès comme nul & de nul effet, en conséquence, qu'il sera passé outre à l'Instruction & au Jugement de l'Instance comme auparavant ledit Acte (*ou ladite Procédure*,) (*ou comme auparavant la production desdites Pieces*, (ordonne que la somme de 150 liv. consignée par ledit M.... sera rendue, à ce faire le Greffier du Conseil contraint ; condamne ledit N... aux dépens de l'Incident, liquidés à la somme de... non compris le coût & la signification du présent Arrest, ni le droit de Controlle.

VII.

Art. 17. **ARREST définitif quand le Désaveu est mal fondé.**

LE ROY EN S. C. faisant droit sur l'Incident, sans s'arrêter audit Désaveu, a ordonné & ordonne qu'il sera passé outre au Jugement de l'Instance, suivant les derniers erremens ; condamne ledit N... en 150 liv. de dommages & intérêts envers ledit D... (*la Partie désavouée*) & en 150 liv. envers M... & P... (*les autres Parties de l'Instance*) & aux dépens, liquidés, &c. sçavoir, ceux faits contre ledit D..... à la somme de... ceux faits contre ledit M... & P... à celle de... non compris, le coût & signification du présent Arrest, ni le droit de Controlle.

Regl. du C. 1. P. Tit. 10.

FAUX INCIDENT.

I.

Art. 2. **ARREST sur Requête, pour permettre de former l'Inscription de faux.**

LE ROY EN S. C. a permis & permet à D... de former au Greffe du Conseil son Inscription de faux (*contre telles Pieces*) en la forme & dans les délais portés par l'Ordonnance, à l'effet de quoi, il sera tenu dans trois jours au plus tard, à compter du jour du présent Arrêt, de sommer ledit M.... (*le Deffendeur*) au domicile de son Avocat, de déclarer s'il veut se servir de ladite Piece, pour ladite sommation faire, ou faute de la faire dans ledit délai, être ordonné ce qu'il appartiendra.

Nota. 1°. La Quittance de consignation de l'amende de 100 liv. doit être jointe à la Requête. Art. 1.

Art. 2.

2°. Cet Arrêt n'est rendu qu'après avoir été délibéré au Conseil.

3°. Cet incident ne peut être formé par Lettres.

I I.

ARREST pour joindre ladite Demande à l'Instance.

LE ROY EN S. C. a ordonné & ordonne que ladite Requête sera & demeurera jointe à l'Instance pendante en son Conseil, entre M... & P... pour en la jugeant, y être fait droit conjointement ou autrement, ainsi qu'il appartiendra.

I I I.

ARREST sur Requête quand le Deffendeur déclare ne vouloir pas se servir de la Piece, ou n'a pas fait sa déclaration dans le délai prescrit. Art. 3.

LE ROY EN S. C. a ordonné & ordonne, que la Piece arguée de faux sera rejettée de l'Instance par rapport audit M... (*Deffendeur à l'inscription de faux*) & qu'il sera passé outre au Jugement d'icelle; ordonne que l'amende par lui consignée lui sera rendue, à ce faire le Receveur des amendes contraint, quoi faisant, déchargé, condamner ledit M.... aux dépens, liquidés à la somme de... y compris le coût du présent Arrest, & non compris la signification ni le droit de Controlle.

Nota. (*S'il y a lieu de passer au faux principal, on ajoute,*)

Ordonne au surplus S. M. qu'il sera passé outre à l'instruction du faux principal, à la requête, poursuite & diligence de son Procureur Général aux Requêtes de l'Hôtel, pour être ladite accusation instruite & jugée par lesdits Sieurs Maîtres des Requêtes, ainsi qu'il appartiendra, & ledit Jugement rapporté, être passé outre au Jugement de l'Instance pendante au Conseil, (*ou*) sans retardation néanmoins du Jugement de l'Instance pendante au Conseil entre M... & N...

I V.

Art. 4. ARREST sur la Requête d'une des Parties de l'Instance, quand le Deffendeur a déclaré vouloir se servir de la Piece.

LE ROY EN S. C. a ordonné & ordonne que les Parties se pourvoiront aux Requêtes de l'Hôtel, pour y être ladite Piece arguée de faux, déposée au Greffe dans les 24 heures, à compter du jour de la signification du présent Arrêt, & être au surplus, l'inscription de faux formée, & ledit incident instruit & jugé, dans la forme prescrite par l'Ordonnance du mois de Juillet 1737, pour ce fait, & ledit Jugement rapporté, être par S. M. fait droit sur l'Instance principale, ainsi qu'il appartiendra.

Nota. Quand l'Inscription de faux se trouve bien fondée, il intervient un Jugement souverain de Messieurs les Maîtres des Requestes de l'Hôtel qui déclare la Piece fausse, ordonne qu'elle sera rejettée de l'Instance, que l'amende consignée sera rendue, condamne le Deffendeur aux dépens, qui sont liquidés par le Jugement, & même aux dommages & intérêts du Demandeur, s'il y échet; si l'Inscription de faux est mal fondée, ce Jugement en déboute le Demandeur, ensemble de ses demandes, le condamne en 300 liv. d'amende, & aux dépens qui sont liquidés, & même aux dommages & intérêts du Deffendeur, s'il y a lieu.

V.

Art. 5. ARREST sur Requête, lorsque l'Inscription de faux est inutile à la décision de l'Instance.

LE ROY EN S. C. a ordonné & ordonne qu'il sera passé outre au Jugement de l'Instance, sans préjudice audit N..... de poursuivre, si bon lui semble, l'instruction & le Jugement de ladite inscription de faux pardevant... à l'effet de quoi S. M. y a renvoyé les Parties pour y être statué, ainsi qu'il appartiendra.

RECUSATIONS.

Regl. du C. 2. P. Tit. 11.

I.

ARREST définitif, quand la Récusation est mal fondée. Art. 4.

LE ROY EN S. C. après avoir oüi ledit S. N... a déclaré & déclare les moyens de récusation, impertinens & inadmissibles, (*ou*) a débouté M... de sa Requête: ce faisant, a ordonné & ordonne que ledit S. N... demeurera Rapporteur (*ou Juge*) de l'Instance d'entre (*lesdites Parties,*) & a condamné M... en 200 liv. d'amende, moitié envers S. M. & moitié envers ledit N... & D... (*les autres Parties de l'Instance.*)

II.

ARREST définitif, quand la Récusation est bien fondée.

LE ROY EN S. C. ayant égard à la Requeste, après avoir oüi ledit N... a ordonné & ordonne qu'il s'abstiendra du Jugement (*ou du rapport* de l'Instance d'entre (*les Parties.*)

Nota. 1°. La Récusation se forme par Requête en vû d'Arrêt, qui est remise à M. le Chancelier, lequel en charge un Maître des Requêtes, pour en faire le rapport au Conseil. Art. 1. Art. 2.

2°. Il ne peut être fait aucunes Procédures sur cette Requête, & le Récusé doit être seulement entendu au Conseil, lors du Jugement de la Récusation. Art. 3.

Regl. du C. 2. P. Tit. 15.

AFFIRMATIONS DE VOYAGES.

Art. 10.

ARREST sur Referé, quand le contenu en l'Acte de séjour ou d'affirmation ne se trouve pas véritable.

I.

Le Roy en s. c. faisant droit sur le referé, a ordonné & ordonne que N.... sera privé de tout Voyage, séjour & retour, & l'a condamné & condamne en 300 liv. d'amende envers Sa Majesté, & en ... (*de dommages & intérêts*) envers M... & aux dépens liquidés à la somme de .... y compris le coût du présent Arrêt, & non compris la signification ni le droit de Controlle.

Ibid. *Nota.* Cet Arrêt se rend au Conseil, sur le simple vû du Procès-verbal de referé, sans écritures ni Procédures.

Regl. du C. 2. P. Tit. 16.

TAXES DE DEPENS.

I.

Art. 19.

ARREST sur Requête, quand la Partie, ou son Avocat se trouvent décedés, lors de la Taxe, & que le décès de ladite Partie a été dénoncé.

Le Roy en s. c. a ordonné & ordonne que N.... sera assigné au Conseil dans les délais du Reglement, pour voir procéder à la Taxe des dépens de l'Instance jugée par l'Arrêt du ....

Art. 20. *Nota.* 1°. Celui qui poursuit la Taxe, peut également prendre une Commission du Grand Sceau pour faire assigner cette Partie.

2°. Si elle ne constitue pas un Avocat huitaine après l'expiration du délai de l'Assignation, il peut faire procéder à la Taxe en remettant au Rapporteur de l'Instance le Certificat du Greffier, qu'il ne s'est présenté aucun Avocat sur l'Assignation, il n'y a pas de défaut à lever en ce cas.

II.

I I.

ARREST sur Requête pour introduire une Demande en révision de Taxe de dépens. Art. 36.

LE ROY EN S. C. a renvoyé & renvoye ladite Demande en révision pardevant les Sieurs... Maîtres des Requêtes étant en quartier aux Requêtes de l'Hôtel, (*les nommer, ils doivent être au nombre de cinq au moins*) que S. M. a commis & commet, pour y être par eux fait droit définitivement, & en dernier ressort, ainsi qu'il appartiendra, à l'effet de quoi S. M. ordonne que la Requête sera communiquée à N.... (*le Défendeur à la demande en révision*) au domicile de son Avocat, pour y fournir de réponses dans les délais du Reglement. Art. 38.

(*En cas que le Demandeur en révision ait demandé une surséance à l'exécution de l'Exécutoire de dépens, on ajoute,*)

Ordonne S. M. que jusques au Jugement de ladite demande (*ou pendant... mois seulement*) il sera surcis à toutes poursuites sur l'exécutoire des dépens jusques à concurrence de la somme de... (*c'est-à-dire, le montant des articles dont la révision est demandée,*) sans préjudice audit N... (*Deffendeur à la demande en révision*) de continuer ses poursuites, ainsi qu'il avisera bon être, pour le surplus de la somme portée audit Exécutoire, (*c'est-à-dire, le montant des articles qui ne sont point contestés.*)

Nota. 1°. Les Articles dont la réformation est demandée, doivent être énoncés sommairement dans la Requête.

2°. Il faut qu'elle soit signée d'un Avocat aux Conseils.

3°. L'Arrêt doit être obtenu & signifié dans trois mois au plus tard, du jour de la signification de l'Exécutoire de dépens, sinon la demande ne peut être reçûë; ainsi ces sortes d'Arrêts requierent célérité. Art. 37.

4°. Si l'Avocat, qui a occupé pour la Partie qui a fait taxer les dépens, est décédé avant l'obtention dudit Arrêt, il doit être signifié à ladite Partie, à son domicile, & la signification doit contenir sommation de constituer Avocat dans les délais du Reglement; ainsi, en ce cas, il ne faut point de Lettres ni d'Arrêt pour assigner en constitution de nouvel Avocat. Art. 39.

5°. Il ne peut être prononcé de surséance à l'exécutoire des dépens, si le Demandeur n'a préalablement consigné la moitié, au moins, des sommes ausquelles montent les Articles contestés, & la Quittance de consignation doit être jointe à la Requête. Art. 40.

6°. Le dernier des Commissaires qui sont nommés, est de droit Rapporteur de la Révision. Art. 41.

ARRESTS qui se rendent au Conseil de Chancellerie.

OBSERVATIONS.

1°. L'on porte en ce Conseil, les contestations sur l'exécution des Reglemens qui concernent toutes les Chancelleries du Royaume, les Droits & Fonctions des Secretaires du Roy, & autres Officiers des Chancelleries.

Les demandes en nullité de Lettres expediées en Chancellerie contre les Reglemens.

Les demandes en relief de laps de temps, pour se pourvoir par rescision, restitution, ou Requête civile.

La poursuite des Saisies réelles des Offices des Secretaires du Roy du grand Collége, des Officiers de la grande Chancellerie, & des Chancelleries près les Cours & les Présidiaux, des Offices d'Avocats aux Conseils, Huissiers & autres, qui tombent aux Parties Casuelles de M. le Chancelier, & qui sont adjugés le Sçeau tenant.

L'ordre & la distribution des deniers provenans de la vente & adjudication desdits Offices.

Les demandes en rapport de Lettres de Privilége ou Permission accordées pour l'impression ou gravure de Livres ou Estampes, & les contestations au sujet de l'exécution de ces Priviléges ou Permissions.

Les Réceptions des Maîtres Imprimeurs, & l'exécution des Reglemens faits au Conseil sur la Librairie, le commerce de Livres, & l'exercice de l'Art de l'Imprimerie.

2°. Ce Conseil, qui forme le Conseil particulier du Chancelier de France, se tient chez lui, quand il lui plaît. Il est composé des Conseillers d'État, & des Maîtres des Requêtes qu'il juge à propos de choisir, lesquels sont commis par Arrêt du Conseil : il y a seul voix délibérative. Les Affaires qui y sont jugées, sont d'abord communiquées à des Commissaires qui forment un Bureau appellé le Bureau de Chancellerie ; il est composé de ceux qui entrent en ce Conseil, & est tenu par le plus ancien.

3°. Les Instances y sont instruites comme au Conseil des Parties, excepté qu'elles n'y sont introduites que par Arrêt de communiqué ; que le Rapporteur est commis par le plus ancien des Commissaires, sans formalité, sur le dossier de la Partie qui présente la Requête ; qu'il n'y a ni présentation, ni production au Greffe ; que le Maître des Requêtes, au Rapport duquel l'Arrêt de communiqué est intervenu, reste Rapporteur de l'Instance ; que les dépens sont toujours liquidés par les Arrêts qui interviennent sur les Instances ; qu'il n'entre dans les liquidations de dépens, ni vin de Messager, ni droits de présentation, ni frais de voyage, séjour & retour ; Enfin, que tous les Arrêts émanés de ce Conseil, sont rendus *de l'avis de Monsieur le Chancelier.*

4°. Ce sont les Greffiers du Conseil des Parties qui expedient les Arrêts rendus en ce Conseil.

I.

ARREST sur Requête, pour annuller une signification d'Arrêt, faite sans *Pareatis*, ou réprimer quelque autre contravention aux Droits du Sceau.

LE ROY EN S. C. de l'avis de Monsieur le Chancelier, a ordonné & ordonne, que les Reglemens qui concernent les Chancelleries seront exécutés ; ce faisant, a déclaré & déclare nulle & de nul effet la signification faite le..... (*mettre la datte*) de.... (*l'Arrêt ou autre Acte*) par..... (*le nom de l'Huissier*) à.... (*le nom de celui à qui la signification a été faite*) & tout ce qui s'en est ensuivi ; condamne D. (*le Procureur qui a signé la copie signifiée*) & G. (*l'Huissier qui a fait la signification*) chacun en l'amende de..... leur fait défenses de faire de pareilles significations à l'avenir.

(*Quelquefois on ajoûte après le mot Amende*, que Sa Majesté a, par grace, & sans tirer à consequence, moderée à la somme de.....)

Nota. On rend un pareil Arrêt pour annuller les significations faites par des Huissiers ordinaires, en contravention aux droits des Huissiers du Conseil & de la grande Chancellerie, & aux Reglemens qui concernent leurs fonctions ; & en ce cas, on condamne ces Huissiers ordinaires, même les Procureurs qui ont signé les Actes signifiés, en une amende au profit des Huissiers du Conseil & de la grande Chancellerie, & aux frais & coût de l'Arrêt.

II.

ARREST sur Requête, pour annuller des Lettres expediées en Chancellerie, contre les dispositions des Reglemens.

LE ROY EN S. C. de l'avis de Monsieur le Chancelier, a ordonné & ordonne, que les Reglemens qui concernent les Chancelleries seront exécutés ; ce faisant, a cassé & casse lesdites Lettres, obtenues par F.... (*celui qui a obtenu les Lettres*) en la Chancellerie, près.... (*la Cour*, ou *le Présidial*) lesquelles demeureront nulles & de nul effet ; fait défenses aux Officiers de ladite Chancellerie d'en expedier de semblables à l'avenir.

Nota. 1°. Si l'on forme opposition à ces Arrêts, l'on suit les regles prescrites par le Reglement du Conseil, Ire. P. Tit. X.

2°. Si ces demandes souffrent quelque difficulté, on ordonne un communiqué par Arrêt.

Les Formules de ces Arrêts sont ci-dessus pour les Arrêts qui se rendent au Conseil des Parties ; on y ajoûte seulement : *de l'avis de M. le Chancelier.*

III.

ARREST définitif, quand l'Instance est introduite, & qu'il y a lieu de déclarer nulles des significations, ou des Lettres expediées en Chancellerie.

LE ROY EN S. C. de l'avis de Monsieur le Chancelier, faisant droit sur l'Instance, a ordonné & ordonne, que les Reglemens qui concernent les Chancelleries (*ou* les Reglemens qui concernent les fonctions des Huissiers des Conseils) seront exécutés ; ce faisant, a cassé & casse, &c. (*comme dans l'Arrêt sur Requête*) on ajoûte seulement : Condamne ledit....aux dépens, lesquels Sa Majesté a liquidés à la somme de... non compris le coût & signification du présent Arrêt, ni le droit de Controlle.

IV.

ARREST définitif, lorsqu'il y a lieu de rejetter la demande en nullité des Significations ou des Lettres.

LE ROY EN S. C. de l'avis de Monsieur le Chancelier, faisant droit sur l'Instance, a débouté ledit D.... de sa demande, & le condamne aux dépens, lesquels Sa Majesté a liquidés, (*comme ci-dessus.*)

Nota. Il arrive quelquefois que sur la Requête, l'on déboute de la demande ; alors on ne met point, *faisant droit sur l'Instance*, & l'on ne prononce point de condamnation de dépens.

V.

ARREST sur Requête, pour annuller des Lettres de relief d'appel de Sentences des Consuls rendues en dernier ressort.

LE ROY EN S. C. de l'avis de Monsieur le Chancelier, faisant droit sur la Requête, (*ou* ayant égard à) a cassé & casse les Lettres de relief d'appel obtenues par ledit D...... en la Chancellerie près.... (*la Cour*) de ladite Sentence des Consuls de...... (*le Siége des Consuls.*) ordonne qu'elle sera executée; fait défenses aux Officiers de ladite Chancellerie d'expedier de semblables Lettres à l'avenir; condamne ledit D..... aux frais & coût du present Arrêt, lesquels Sa Majesté a liquidés à la somme de..... non compris la signification & le droit de Controlle.

N*ota*. 1°. Si l'appel avoit été reçu par Arrêt, on se pourvoiroit en cassation au Conseil des Parties, en la forme qui est prescrite par le Reglement; mais la demande en nullité des Lettres de relief d'appel, ne peut être portée qu'au Conseil de Chancellerie.

2°. Si l'Affaire exige une instruction, on ordonne un communiqué par Arrêt.

VI.

ARREST définitif, lorsque l'Instance est introduite & qu'il y a lieu d'annuller les Lettres de relief d'appel.

LE ROY EN S. C. de l'avis de Monsieur le Chancelier, faisant droit sur l'Instance, a cassé & casse (*& le reste comme par l'Arrêt sur Requête.*) condamne (*l'appellant*) aux dépens, que S. M. a liquidés à la somme de..... non compris le coût & signification du present Arrêt, ni le droit de Controlle.

VII.

ARREST définitif, pour débouter de la demande.

La Formule est ci-dessus, Arrêt IV.

VIII.

ARREST fur Requête, pour introduire une demande afin d'être relevé du laps de temps, à l'effet de fe pourvoir par Lettres de Refcifion, de Reftitution, ou de Requête Civile.

Même Formule que pour les Arrêts de communiqué.

Nota. 1°. Le relief de laps de temps ne peut être accordé par d'autres Lettres que celles qui font expediées en la grande Chancellerie.

2°. On ne donne d'Arrêt de communiqué, que lorfque la matiere exige de la difcuffion ; car l'on doit commencer par remettre au plus ancien des Commiffaires du Confeil de Chancellerie, un projet de Lettres de Refcifion, de Reftitution, ou de Requête civile, où l'on infere la claufe de relief de laps de temps, & joindre à ce projet, les Pieces juftificatives de la demande ; il commet un des Maîtres des Requêtes de ce Confeil pour en faire le rapport. S'il y a lieu d'accorder les Lettres, après qu'elles ont été approuvées par M. le Chancelier, le Rapporteur met l'arrêté du Confeil au pied du projet, il le figne, & le fait figner par le plus ancien des Commiffaires, afin que cet arrêté foit prefenté à M. le Chancelier lorfque les Lettres font portées au Sceau ; ainfi l'Avocat ne doit prefenter de Requête que quand le Rapporteur l'en avertit.

3°. On fe pourvoit quelquefois en relief de laps de temps, pour être reçû à former oppofition à un Arrêt, ou à interjetter appel d'une Sentence, mais ces cas font rares.

IX.

ARREST définitif, pour ordonner le relief de laps de temps, lorfqu'il y a eu une Inftance introduite.

LE ROY EN S. C. de l'avis de Monfieur le Chancelier, faifant droit fur l'Inftance, a relevé & releve ledit A....... du laps de temps qui s'eft écoulé depuis ledit Acte du..... (*fpecifier l'Acte & la datte*) *ou* (depuis la fignification dudit Arrêt (*ou* Jugement en dernier reffort, du .... (*exprimer le Tribunal d'où il eft émané, & la datte*) pour fe pourvoir par refcifion *ou* reftitution, (*ou* par Requête civile) contre ledit Acte (*ou* ledit Arrêt ou Jugement) & à cet effet ordonne Sa Majefté qu'il lui fera expedié des Lettres (de refcifion, de reftitution, ou Requête civile) portant relief du laps de temps, condamne ledit D..... aux dépens, liquidés à la fomme de ..... non compris, &c.

(*S'il y a lieu de débouter de la demande, la Formule est ci-dessus, Arrêt IV.*)

Nota. 1°. Les demandes en relief de laps de temps pour se pourvoir en cassation, ne se portent qu'au Conseil des Parties.

2°. On n'expedie point au Sceau de Lettres de Requête civile contre les Jugemens émanés des Commissaires du Conseil, mais on accorde un Arrêt du Conseil sur la Requête du Demandeur, qui la renvoye pardevant les Commissaires qui ont rendu le Jugement; & quand il y a lieu au relief de laps de temps, & qu'il a été accordé par un arrêté du Conseil de Chancellerie, l'Arrêt en porte une disposition expresse. Il en est de même pour les demandes en rescision ou restitution, qui sont incidentes à des Instances pendantes pardevant des Commissaires du Conseil.

X.

ARREST sur Requête, pour évoquer la Saisie réelle d'un Office dont l'adjudication doit être faite le Sceau tenant, quand les Parties se sont pourvûes en Justice ordinaire.

LE ROY EN S. C. de l'avis de Monsieur le Chancelier, ayant égard à la Requête, a évoqué & évoque à soi & à sondit Conseil, la Saisie réelle de l'Office de .... (*mettre la qualité de l'Office*) dont ledit D... est pouvû, ordonne que sur icelle les Parties procederont au Conseil; leur fait défenses de proceder ailleurs, à peine de nullité, cassation des Procedures, & de tous dépens, dommages & interêts.

Nota. Si aucune Partie ne demandoit l'évocation, elle seroit ordonnée par un Arrêt du propre mouvement, parce que les poursuites pour la vente de ces Offices, & pour la distribution des deniers en provenans, ne peuvent être faites qu'au Conseil de Chancellerie.

XI.

ARREST sur la Requête de la Partie saisie, lorsqu'elle demande l'évocation, & y ajoûte une demande en nullité de la Saisie réelle.

LE ROY EN S. C. de l'avis de Monsieur le Chancelier, a évoqué & évoque à soi & à sondit Conseil, la Saisie réelle de l'Office de.... (*mettre la qualité de l'Office*) dont est pourvû ledit D.... ordonne que sur icelle, les Parties procederont au Conseil; leur fait défenses de proceder ailleurs, & pour faire droit sur le surplus de la Requête, a ordonné & ordonne qu'elle sera communiquée à C... (*le nom du Saisissant*) pour y fournir de réponse dans les délais du Reglement; pour ce fait, ou faute de ce faire dans ledit délai, être par S. M. de l'avis de Monsieur le Chancelier, ordonné ce qu'il appartiendra.

XII.

ARREST sur Requête, lorsque l'on demande l'évocation de l'Appel de la Saisie réelle, que, sans s'y arrêter, l'Officier soit tenu de donner sa Procuration *ad resignandum*, & qu'il soit procedé à la vente de l'Office.

LE ROY EN S. C. de l'avis de Monsieur le Chancelier, a évoqué & évoque à soi & à sondit Conseil, l'appel interjetté par ledit D..... (*le nom de la Partie saisie*) de la Saisie réelle de l'Office de... (*mettre la qualité de l'Office*) dont il est pourvû: ordonne que sur ledit appel les Parties procederont au Conseil; leur fait défenses de proceder ailleurs, & pour y faire droit, ensemble sur le surplus de la Requête, a ordonné & ordonne qu'elle sera communiquée à D........ (*l'Appellant*) pour y fournir de réponse. *Et le reste, comme l'Arrêt précédent.*

XIII.

ARREST définitif, pour déclarer la Saisie réelle nulle.

LE ROY EN S. C. de l'avis de Monsieur le Chancelier, faisant droit sur l'Instance, ayant égard (*ou* ayant aucunement égard à la demande de D.... (*la Partie saisie*) a déclaré & déclare nulle la Saisie réelle de l'Office de... (*mettre la qualité de l'Office*) dont il est pourvû; ordonne qu'elle sera rayée des Registres du Garde des Rolles, des Commissaires aux Saisies réelles & de tous autres; condamne ledit C..... (*le Saisissant*) aux dépens, que S. M. a liquidés à ... non compris le coût & signification du present Arrêt, ni le droit de Controlle.

(Si

(*Si le Saisissant, dans le cours de l'Instance, a demandé que la Partie saisie fût tenue de donner sa Procuration* ad resignandum, *à l'effet d'être procedé à la vente de l'Office, on ajoûte, après avoir declaré la Saisie réelle nulle, & ordonné qu'elle seroit rayée,*) Déboute ledit C... (*le Saisissant*) de ses demandes, & le condamne aux dépens, que S. M. a liquidés à.... &c.

(*S'il y a lieu à des dommages & interêts,*) le condamne en...de dommages & interêts,& aux dépens,que S. M.a liquidés à... &c.

(*Si au contraire la Saisie réelle est déclarée valable, on ordonne,* sans s'arrêter à la demande de D...... (*la Partie saisie*) dont Sa Majesté l'a débouté, qu'il sera tenu de donner sa Procuration *ad resignandum*, & qu'il sera procedé à la vente & adjudication de l'Office, *comme ci-après, Arrêt XIV.*

XIV.

ARREST définitif, pour ordonner que, sans s'arrêter à l'appel de la Saisie réelle, la Partie saisie sera tenue de donner sa Procuration *ad resignandum*, & qu'il sera procedé à la vente & adjudication de l'Office.

LE ROY EN S. C. de l'avis de Monsieur le Chancelier, sans s'arrêter à l'appel interjetté par ledit D.... (*la Partie saisie*) de la Saisie réelle de l'Office de.... (*mettre la qualité de l'Office*) dont il est pourvû, ni à ses autres demandes, dont S. M. l'a débouté, a ordonné & ordonne que dans.... (*marquer le délai*) à compter du jour de la signification du present Arrêt, il sera teuu de donner sa Procuration ad resignandum dudit Office, sinon, & faute de ce faire dans ledit temps, que le présent Arrêt vaudra Procuration ad resignandum; en consequence,qu'il sera procedé & passé outre à la vente & adjudication dudit Office pardevant Monsieur le Chancelier, le Sceau tenant, après trois publications en la maniere accoutumée: condamne ledit... (*la Partie saisie*) aux dépens, lesquels ledit C.... (*le Saisissant ou Poursuivant*) pourra, en tout cas, employer en frais de poursuites.

(*Si le Saisissant est mal fondé, on suit la Formule ci dessus, Arrêt XIII.*)

Nota. 1°. La demande afin de faire vendre l'Office, & d'obliger l'Officier à donner sa Procuration *ad resignandum*, luy est toujours communiquée par Arrêt, & cela ne peut être ordonné sur simple Requête.

2°. Par l'Arrêt qui ordonne la vente de l'Office, on accorde un délai à l'Officier pour donner sa Procuration *ad resignandum* ; ce délai est ordinairement de trois mois.

3°. Les formalités pour la poursuite de la Saisie réelle & la vente des Offices dont il s'agit, ensemble la forme de procéder pour parvenir à l'ordre & distribution des deniers qui en proviennent, sont rassemblées dans une Instruction imprimée en 1710.

4°. Quelquefois l'Office se vend par un Contrat qui est homologué par Arrest du Conseil de Chancellerie, mais il faut que ce soit du consentement de toutes les Parties.

X V.

ARREST sur la Requête du Poursuivant, pour parvenir à l'ordre & distribution des deniers provenans de la vente dudit Office.

LE ROY EN S. C. de l'avis de Monsieur le Chancelier, a ordonné & ordonne, que dans un mois pour tout délai, à compter du jour de la signification, du présent Arrest, les Créanciers opposans, tant au Sceau qu'à la Saisie réelle de l'Office, (*mettre la qualité de l'Office*) dont étoit ci-devant pourvû ledit D..... (*la Partie saisie*) (*On ajoûte, & cela est nécessaire, quand il y en a*) ensemble les Créanciers opposans & saisissans sur les Gages, augmentations de Gages, droits, profits & émolumens en dépendans,) seront tenus de remettre pardevant le sieur....... Maître des Requestes (*mettre le nom du Rapporteur*) Commissaire à ce député, les Pieces & Titres justificatifs de leurs créances, pour être procedé à l'ordre & distribution du prix provenant de la vente & adjudication dudit Office. (*On ajoûte, s'il y a lieu,*) ensemble des sommes qui se trouveront entre les mains des Payeurs des Gages & autres émolumens appartenans audit Office,) en la maniere accoutumée : ordonne S. M. que faute par lesdits Créanciers de produire lesdites pieces & titres justificatifs de leurs créances dans ledit temps, ils en demeureront déchus, & qu'il sera procedé & passé outre audit ordre & distribution desdits deniers, entre les Créanciers qui auront produit leurs Titres.

Nota. 1°. On suit pour les Arrêts d'ordre, la Formule des Jugemens d'ordre qui interviennent dans les Commissions du Conseil.

2°. On ne passe aux Opposans que les frais d'une seule opposition au Sceau, & aucuns frais pour la demande en collocation.

3°. Les frais de l'Avocat plus ancien se liquident par l'Arrest, & ceux du Poursuivant, par un Arrêt séparé, en la même forme que dans les Commissions, & l'on ne passe au Poursuivant, que le même nombre de significations de l'Arrest d'ordre.

XVI.

ARREST sur Requeste, pour ordonner le rapport de Lettres de Privilége ou de Permission pour l'impression ou gravure de Livres ou Estampes.

LE ROY EN S. C. de l'avis de Monsieur le Chancelier, ayant égard à la Requeste, a ordonné & ordonne, que les Lettres de Privilége (*ou* de Permission) obtenues le .... (*mettre la datte*) par ledit D. (*celui qui a obtenu les Lettres*) pour l'impression *ou* gravure de..... (*exprimer la nature de l'ouvrage*) ou d'un ouvrage intitulé (*mettre le titre*) seront rapportées comme obreptices & subreptices ; fait défenses audit D..... de s'en servir. (*Quelquefois on ajoûte*) ordonne que les exemplaires imprimés dudit ouvrage (*ou* les Estampes, *même* les Planches) seront & demeureront confisqués au profit dudit C..... (*celui qui s'est plaint de l'obtention du Privilége*)

Nota. 1°. Si la demande mérite d'être instruite, on rend un Arrest de communiqué, comme au Conseil des Parties.

2°. La Formule de l'Arrest définitif, si la demande est bien fondée, est la même que pour l'Arrest sur Requeste, en y ajoûtant seulement : *Faisant droit sur l'Instance, & la condamnation aux dépens, liquidés à*, &c.

Si la demande est mal fondée, on en déboute avec dépens, liquidés suivant les Formules ci-dessus, & l'on ajoûte : *Ordonne que les Lettres de Privilége*, ou *Permission seront exécutées.*

XVII.

ARREST sur Requeste, pour déclarer valable une Saisie de Livres *ou* Estampes, faite pour contravention à un Privilége.

LE ROY EN S. C. de l'avis de Monsieur le Chancelier, a ordonné & ordonne, que les Lettres de Privilége *ou* de Permission accordées à C... (*le nom de celui qui a obtenu le Privilége*) le.... seront executées; en consequence, déclare la Saisie faite desdits Livres *ou* Estampes, bonne & valable; ordonne que les exemplaires qui ont été saisis, seront & demeureront confisqués au profit de D... (*celui qui a le Privilége*) condamne ledit C.... (*la Partie saisie*) en..... d'amende, & en.... de dommages & interêts, (suivant les cas.)

Nota. S'il y a lieu de communiquer cette demande, on suit les Formules ci-dessus, pour l'Arrest de communiqué, & pour le définitif.

XVIII.

ARREST sur Requeste, pour déclarer valable une Saisie de Livres, faite sur un Particulier qui n'a pas droit d'en faire le commerce.

LE ROY EN S. C. de l'avis de Monsieur le Chancelier; a ordonné & ordonne, que les Reglemens qui concernent la Librairie & l'Imprimerie, seront executés; ce faisant, a déclaré & déclare ladite Saisie de Livres faite le..... (*mettre la datte*) bonne & valable; ordonne que les Livres saisis seront & demeureront confisqués au profit de la Communauté des Libraires & Imprimeurs de la Ville de..... (*s'il y en a de prohibés, ou met*) seront & demeureront confisqués; pour ceux dont le débit est permis, être vendus au profit de la Communauté des Libraires & Imprimeurs de la Ville de..... & ceux qui sont prohibés, être mis au pilon, en présence du Sieur... Lieutenant Général de Police de la Ville de.... (*si c'est à Paris, on ajoûte*) ou de celui qu'il commettra à cet effet; fait défenses audit D...... (*celui sur lequel la saisie a été faite*) de s'immiscer dans le commerce de Livres, sous les peines portées par les Reglemens, même de plus grandes peines, s'il y échet: le condamne en..... d'amende; enjoint au Sieur Lieutenant Général de Police de ladite Ville de.... de tenir la main à l'execution du present Arrêt, qui sera lû, publié & affiché où besoin sera.

Nota. S'il y a lieu d'ordonner un communiqué, on suit les Formules ci-dessus, pour l'Arrest de communiqué, & pour l'Arrest définitif.

XIX.

Arrest sur Requste, pour faire représenter les Titres d'un Aspirant à une Place d'Imprimeur à Paris.

Le Roy en s. c. de l'avis de Monsieur le Chancelier, avant faire droit sur la Requeste, a ordonné & ordonne, que conformément aux Articles XLIV. & XLV. du Reglement du 28. Fevrier 1723. ledit C..... (*l'aspirant*) représentera ses titres & capacités, & subira l'examen & l'épreuve accoutumés pardevant les Syndic & Adjoints de la Communauté des Imprimeurs & Libraires de la ville de Paris, dont sera par eux dressé Proéès verbal, qu'ils remettront entre les mains du Sieur Lieutenant Général de Police de ladite Ville, lequel donnera son avis; pour le tout vû & rapporté, être par S. M. de l'avis de Monsieur le Chancelier, ordonné ce qu'il appartiendra.

XX.

Arrest sur Requeste, pour faire représenter les Titres d'un Aspirant à une place d'Imprimeur dans une Ville de Province.

Le Roy en s. c. de l'avis de Monsieur le Chancelier, avant faire droit sur la Requeste, a ordonné & ordonne que ledit C.... (*l'aspirant*) & tous autres aspirans à remplir une des places d'Imprimeur, fixées par le Reglement du 31 Mars 1739. en la Ville de..... (*mettre le nom de la Ville*).... (ou la seule place d'Imprimeur fixée (*suivant que dans cette Ville il doit y en avoir une ou plusieurs*) vacante par la mort, ou par la démission de F..... (*celui qui occupoit la place*) représenteront leurs titres & capacités pardevant le Lieutenant Général de Police de ladite Ville de....(*ou* pardevant les Officiers exerçant la Police dans ladite Ville de.....) en présence les uns des autres. (*S'il y a une Communauté dans la Ville, on y ajoûte*) & des Syndic & Adjoints de la Communauté des Libraires & Imprimeurs de ladite Ville) dont il dressera son (*ou* dont ils dresseront leur) procès verbal, dans lequel il fera (*ou* ils feront) mention du nombre d'Imprimeurs qui sont actuellement en ladite Ville de..... du titre en vertu duquel ils exercent l'Imprimerie, s'il y a des Veuves qui tiennent des Imprimeries, & si les maris desdites Veuves avoient été reçus Imprimeurs en vertu d'Arrests du Conseil, lequel procès verbal, avec son avis (*ou* leurs avis) il enverra (*ou* ils enverront) à Monsieur le Chancelier, pour icelui vû & rapporté, être par S. M. ordonné ce qu'il appartiendra.

Nota. 1°. Par Arrest de Reglement du 21 Mars 1739. on a déterminé les Villes du Royaume où il est permis de tenir des Imprimeries, & l'on a fixé le nombre d'Imprimeurs qu'il doit y avoir dans chacune de ces Villes.

2°. On ne peut faire aucune instruction au Conseil sur les demandes entre les Aspirans à remplir une des places d'Imprimeur; M. le Chancelier décide au Conseil de Chancellerie, le Sujet qui doit être préferé, sur le Procès verbal du Lieutenant de Police, qui contient les titres & capacités de ces Aspirans, & les motifs de préférence qu'ils ont exposés.

3°. Ce Procès verbal est envoyé à M. le Chancelier, qui le fait remettre au Rapporteur, & les Aspirans lui remettent aussi leurs Pieces.

XXI.

ARREST qui ordonne la Reception d'un Imprimeur.

LE ROY EN S. C. de l'avis de Monsieur le Chancelier, a ordonné & ordonne que ledit D..... sera reçû Imprimeur-Libraire à P..... (*le nom de la Ville*) pour y remplir l'une des (*mettre le nombre*) (*ou* la seule) places fixées par le Reglement du 31 Mars 1739. vacante par la mort (*ou* la démission) de A..... (*celui qui la remplissoit*) en prêtant par ledit D..... pardevant le Sieur Lieutenant Général de Police de ladite Ville de..... *ou* (pardevant les Officiers exerçant la Police en ladite Ville) le serment en la maniere accoutumée.

Nota. 1°. Il faut que l'Arrest préparatoire & le Procès verbal fait en consequence, soient visés dans cet Arrest.

2°. Il y a quelques Villes où les Libraires sont reçûs Maîtres par Arrest du Conseil de Chancellerie; mais comme le nombre des Libraires n'est pas fixé, il n'y a pas de concurrence, & l'Arrest préparatoire porte seulement, que celui qui se présente rapportera ses titres & capacités pardevant le Lieutenant de Police pour en dresser un Procès verbal & donner son avis; &, sur le Vû de ce Procès verbal, on ordonne, s'il y a lieu, qu'il sera reçû Libraire en prêtant le serment. La formule de l'Arrêt est la même que celle ci-dessus pour les Imprimeurs, à l'exception que l'on ne met point, *pour remplir la place*, &c.

ORDONNANCES DONT LES REQUESTES présentées au Conseil, sont répondues par Messieurs les Maîtres des Requêtes.

I.

ORDONNANCE qui se met au pied d'une Requête en main-levée d'opposition au Titre d'un Office, quand il y a eu un Rapporteur commis par Ordonnance du Conseil, ou sur le repli des Provisions. Regl. du C. 1. P. Tit. 2. Art. 4.

Soit la Requête communiquée à N... (*l'Opposant au Titre*) au domicile de Me P.... son Avocat (*l'Avocat constitué par l'acte d'opposition*) pour y fournir de réponses dans les délais du Reglement, sinon sera fait droit, fait à... ce... (*mettre le lieu, le jour & l'an*) (*le Rapporteur signe.*)

II.

ORDONNANCE qui se met au pied d'une Requête d'opposition à un Arrêt du Conseil, quand elle est formée dans l'année du jour de l'obtention de cet Arrêt, & qu'il y a eu un Rapporteur commis sur cette Requête. *Ibid.* Tit. 10. Art. 3. & 4.

Soit la Requête communiquée, &c. (*comme ci-dessus.*)

III.

ORDONNANCE qui se met au pied d'une Requête présentée incidemment à une Instance, pour former une Demande au sujet de qualités prises par une des Parties relativement à ladite Instance, ou en décharge d'Assignation, ou pour obliger une Regl. du C. 2. P. Tit. 7. Art. 3.

Partie à donner Caution, ou à se mettre en état, ou autres Demandes de pareille nature, sur lesquelles il est nécessaire de statuer préalablement à l'Instruction ou au Jugement de l'Instance.

Soit la Requête communiquée à N... & C... (*Parties de l'Instance*) aux domiciles de leurs Avocats, pour y fournir de réponses dans trois jours, pour tout délai, sinon sera fait droit, fait à... ce... &c. (*comme ci-dessus.*)

Nota. 1°. Il n'y a que dans ces trois seuls cas, qu'une Requête présentée au Conseil, peut être répondue d'une Ordonnance de communiqué, parce que dans tous les autres, une demande, soit nouvelle, soit incidente à une Instance, ne peut être reçûë ou introduite que par Lettres du Grand Sceau, ou par Arrêt du Conseil; ainsi cette Ordonnance ne peut convenir à une Requête d'instruction, de production nouvelle, ou de réponse à production nouvelle.

2°. Ces Ordonnances de Communiqué, ne peuvent être données qu'au domicile de l'Avocat du Deffendeur, parce que toutes les fois qu'il est nécessaire d'assigner une Partie à domicile, l'Assignation ne peut être donnée qu'en vertu de Lettres du Grand Sceau, ou d'un Arrêt du Conseil.

3°. Comme en ces trois cas, ces Requêtes servent de premiere Requête d'instruction, elles ne sont pas répondues, si les Pieces qui y sont produites, ne s'y trouvent énoncées avant les Conclusions, & ne sont remises avec la Requête, au Rapporteur.

4°. Le Communiqué doit être ordonné à toutes les autres Parties de l'Instance.

5°. Si l'Instance est déja sur le Bureau, lorsqu'une Partie veut former les demandes dont il s'agit, le Rapporteur doit les communiquer aux Commissaires, avant de répondre la Requête.

I V.

Reg. du C. 2. P. Tit. 4. Art. 2.

ORDONNANCE qui se met au pied de la premiere Requête présentée par une Partie pour l'instruction d'une Instance.

Ait acte de l'emploi, au surplus, en jugeant, sera fait droit, & soit signifié. Fait à...... ce......, (*mettre le lieu, le jour, & l'an;*) (*le Rapporteur signe.*)

V.

V.

ORDONNANCE qui se met au pied de la seconde Requête d'instruction. Regl. du C. 1. P. Titre 4. Art. 9.

Ait acte, & soit signifié. Fait, &c. (*si elle contient de plus amples Conclusions, l'on ajoûte,*) au surplus, en jugeant, sera fait droit, & soit, &c. (*comme ci-dessus.*)

Nota. 1°. Comme ces Requêtes doivent contenir la production de la Partie, elles ne sont point répondues, si les Pieces qu'elle y produit, ne sont remises avec la Requête, au Rapporteur de l'Instance. *Ibid.* Art. 3. 4. 10.

2°. Il ne faut point ajouter à l'Ordonnance, même pour les secondes Requêtes, *soient les Pieces jointes,* parce que la Production se fait au Greffe par la premiere Requête, & que le Reglement permet d'y ajouter des Pieces par la seconde ; ainsi elles n'ont pas besoin d'une Ordonnance du Rapporteur pour être reçûes en l'Instance, & cette addition feroit une confusion entre les Requêtes d'instruction & celles de production nouvelle, qui dérangeroit l'ordre de la Procédure. *Ibid.* Art. 3. 4.

VI.

ORDONNANCE qui se met au pied d'une Requête de production nouvelle, présentée par la Partie quand ses deux Requêtes d'instruction sont données. *Ibid.* Art. 14.

Soient les Pieces reçues & jointes à l'Instance, & soit signifié. Fait à.... &c. (*comme ci-dessus.*) (*En cas que la Partie ait pris des Conclusions au fond, on tourne ainsi cette Ordonnance,* Ait acte, soient les Pieces reçues & jointes à l'Instance, au surplus, en jugeant, sera fait droit, & soit signifié. Fait, &c.

VII.

ORDONNANCE qui se met au pied de la Requête en réponse à la production nouvelle. *Ibid.* Art. 14.

Ait acte, & soit signifié (*comme ci-dessus.*)

(*Si elle contient des Conclusions au fond, on met,*)

Ait acte, au surplus, en jugeant, sera fait droit, & soit signifié, &c.

(*Si elle contient aussi Production nouvelle, l'on met,*)

Ait acte, soient les Pieces reçues & jointes à l'Instance, & soit signifié. Fait, &c.

Regl du C. 2. P Tit. 4. Art. 14. *Nota.* 1°. La Requête de production nouvelle n'est répondue que quand la Partie qui la présente, a donné ses deux Requêtes d'instruction, parce qu'ayant droit de produire par ces deux Requêtes, telles Pieces qu'il lui plaît, elle ne doit recourir à la voie de la Production nouvelle que lorsqu'elle se trouve obligée de produire quelques Pieces, après lesdites deux Requêtes.

Ibid. 2°. Il faut aussi, pour qu'elle puisse être répondue, qu'elle contienne, avant les conclusions, l'énonciation sommaire des Pieces produites, & que ces Pieces soient remises au Rapporteur avec la Requête.

Ibid. Art. 18. 3°. Si l'Instance a été communiquée aux Commissaires du Conseil, ou à l'Assemblée des Requêtes de l'Hôtel, la Requête de Production nouvelle ne peut être répondue que de l'avis des Commissaires, ou de ladite Assemblée.

Ibid. Art. 19. 4°. Il n'entre en taxe qu'une seule production nouvelle, dans les Instances d'Evocation, de Reglemens de Juges, d'opposition au Titre, ou autres dont le fond n'est pas jugé au Conseil, & dans les Instances d'opposition aux Arrêts du Conseil rendus dans lesdites matieres, à moins que par l'Arrêt définitif il n'en soit ordonné autrement; ainsi la seconde ou la troisiéme Requête de production nouvelle peut être répondue par le Rapporteur, mais la Partie courre le risque de n'en être pas remboursée; cependant, si ces Requêtes étoient multipliées, elles seroient rejettées, ou ne seroient répondues que de l'avis des Commissaires.

Observations generales sur lesdites Ordonnances.

1°. Il est important de ne pas confondre ces differentes Ordonnances, parce que, quand on les applique à une Requête à laquelle elles ne conviennent pas, cela dérange toute la Procédure, & expose les Parties à la voir déclarer nulle, ou à d'autres incidens qui retardent l'expedition, & augmentent les frais.

2°. Elles sont écrites au pied de la Requeste, au-dessous des Conclusions & de la signature de l'Avocat, par le Rapporteur, ou par son Secretaire.

3°. Elles ne peuvent être données que par le Rapporteur commis sur l'Instance, surtout, celles de Communiqué; mais il est assez d'usage de faire répondre les Requestes d'Instruction par un autre Maître des Requestes, quand le Rapporteur est absent, pour accelerer l'Instruction de l'Instance; & alors, ce Maître des Requestes met au-dessous de sa signature, *Pro absentia Domini .....* (*le nom du Rapporteur*) & il a toujours attention à se faire instruire de l'état de l'Instance, avant de répondre ces Requestes, pour éviter les surprises.

Reg. du C. 2. P. Tit. 12. Art. 1. 2. & 4. 4°. Ces Ordonnances sont sujettes à l'appel qui se porte & se juge de plein droit par Messieurs les Maîtres des Requestes de quartier aux Requestes de l'Hôtel, sans qu'il soit besoin de le relever par Lettres, ni par Jugement.

6°. Aucune Requeste n'est répondue, si la qualité de la Requeste n'est marquée à la marge des Conclusions, en ces termes, paraphés par l'Avocat, *Premiere ou seconde Requeste d'Instruction, ou de Production nouvelle, ou de réponses à Production nouvelle, ou sur Incident;* & s'il y a plusieurs Parties dans l'Instance, *contre une telle Partie.* Il faut aussi, qu'il n'y ait ni blanc, ni rature, ni interligne dans les conclusions, & que s'il s'y trouve des renvois, ils ayent été écrits après les derniers mots de ces conclusions, & avant la signature de l'Avocat.

Délibération des Avocats aux Conseils, du 9. Février 1740.

Regl. du C. 2. P. Tit. 4. Art. 25.

FORMULES DES JUGEMENS

Qui se rendent dans les Commissions du Conseil, & des Ordonnances dont les Requestes qui y sont présentées, doivent être répondues.

OBSERVATIONS GENERALES.

Reglement pour les Commissions du Conseil, du 28. Juin 1738.

1°. CEs Jugemens interviennent ou sur la simple Requeste d'une Partie, ou après que les Parties intéressées ont été appellées.

Art. 3.

2°. Les Requestes en vû de Jugement, & les Jugemens sur Requeste, sont sujets aux mêmes regles qu'au Conseil, excepté que ces Requestes ne se remettent qu'à celui des Commissaires qui a été commis Rapporteur par Arrest du Conseil, ou par le plus ancien de la Commission, auquel cas, le Greffier écrit & signe ce *Committitur* en marge de la Requeste.

Art. 10. 11. & 12.

3°. Les dépens sont toujours liquidés par le Jugement qui les prononce, & il ne s'en fait jamais de taxe dans les Commissions du Conseil; il n'y a que les frais de poursuites qui soient liquidés par un Jugement séparé; on suit les mêmes regles qu'au Conseil pour ces liquidations, & les Tarifs qui y ont lieu, excepté que l'on ne passe aucun droit de Vin de Messager, ni de présentation, ni aucuns frais de voyage, séjour ou retour, & qu'il dépend toujours du Rapporteur & des Commissaires, de réduire les Ecritures au nombre de Rolles qu'ils jugent suffisans.

4°. Les Jugemens doivent être signés par tous les Commissaires qui y ont assisté; le plus ancien signe à droite, & le Rapporteur à gauche.

Art. 1. & 7.

5°. Les Jugemens sur Requeste sont plus rares qu'au Conseil, parce qu'il est permis, dans les Commissions, d'introduire, par simple Ordonnance du Rapporteur, la plûpart des Demandes principales, ou incidentes, selon la prudence des Commissaires, ce qui a été établi pour épargner les frais: mais dans tous les cas où il faudroit au Conseil une Requeste en vû d'Arrest, il est nécessaire que la Requeste soit rapportée pardevant les Commissaires, pour déliberer sur l'Ordonnance dont il convient de la répondre, & pour voir aussi s'il seroit plus convenable de la faire mettre en vû de Jugement, suivant son objet & l'état de l'affaire: on mettra de suite la Formule des Jugemens, ou des Ordonnances qui peuvent intervenir en pareil cas.

6°. Ces Formules seront rangées suivant l'ordre des dispositions des Reglemens des 28 Juin 1738, & 3 Février 1739, pour les Commissions du Conseil, & pour les Ventes & Adjudications de Biens qui y sont faites.

I.

JUGEMENT ſur Requeſte, pour enregiſtrer l'Arreſt d'établiſſement de la Commiſſion.

Nous Commiſſaires Généraux ſuſdits, en vertu du pouvoir à Nous donné par Sa Majeſté, avons ordonné & ordonnons que ledit Arreſt du Conſeil ſera enregiſtré au Greffe de notre Commiſſion, pour être exécuté.

Nota. 1°. Cette Formule eſt commune à tous les Enregiſtremens des Arreſts qui peuvent être rendus, ſoit pour expliquer, ou pour augmenter le pouvoir des Commiſſaires, ſoit pour ſubroger un Rapporteur, ou des Commiſſaires.

2°. Lorſque l'Affaire n'eſt pas renvoyée à une Commiſſion déja établie pour d'autres affaires, & que c'eſt une Commiſſion nouvelle, on ajoûte dans le Jugement d'enregiſtrement : Et avons commis M..... (*l'un des Greffiers des Commiſſions extraordinaires du Conſeil*) pour Greffier de notre Commiſſion.

3°. Le Jugement d'Enregiſtrement doit être ſignifié avec l'Arreſt du Conſeil, à toutes les Parties intéreſſées, avant qu'il puiſſe être fait aucune Procédure en conſéquence de cet Arreſt.

I I.

JUGEMENT ſur Requeſte pour introduire une Inſtance. Regl. des Com. du 28. Juin 1738.

N. C. G. &c. avons ordonné & ordonnons que ladite Requeſte ſera communiquée à N..... (*le Deffendeur*) en ſon domicile, pour y fournir de réponſes dans les délais du Reglement, pour ce fait, ou faute de ce faire dans ledit délai, être par nous fait droit, ainſi qu'il appartiendra. Art. 2.

Nota, L'Inſtance peut être introduite par une Ordonnance du Rapporteur : c'eſt même l'uſage le plus ordinaire ; mais cette Ordonnance doit être déliberée par les Commiſſaires, *elle porte :* Ibid.

Soit la Requeſte communiquée à N.... en ſon domicile, pour y fournir de réponſes dans les délais du Reglement, ſinon fait droit. Fait à.... ce.... (*le Rapporteur ſigne ſeul.*)

Regl. des Com. Art. 4. Regl. du Conf. 2. Part. Tit. 1. Art. 8. *Nota.* Si la Partie ne constitue pas d'Avocat sur la signification qui lui est faite de ce Jugement, ou de cette Ordonnance, le Demandeur peut obtenir un Jugement par défaut, dans la forme que l'on suit au Conseil pour les demandes introduites par Arrest de communiqué.

III.

Regl. des Com.

JUGEMENT sur Requeste pour être reçu Opposant à un Jugement par défaut.

Art. 4. N. C. G. &c. avons reçû & recevons ledit N.... Opposant à notre Jugement du .... ordonnons qu'il sera passé outre à l'Instruction & au Jugement de l'Instance, comme avant ledit Jugement; ce faisant, lui avons donné acte de ce qu'il employe le contenu en sa Requeste, avec les Pieces y jointes, pour réponse à celle dudit A.... (*le Demandeur*) signifiée le.... pour être par Nous, en jugeant ladite Insttance, ordonné ce qu'il appartiendra.

Ibid. *Nota.* 1°. Il ne faut point de Lettres de restitution comme au Conseil, mais le défaillant ne peut être reçû opposant au Jugement par défaut, qu'en refondant les dépens liquidés par ce Jugement, & l'on suit au surplus, à cet égard, les mêmes regles qu'au Conseil.

Ibid. 2°. La Requeste doit contenir les Moyens, l'énonciation des Pieces & les Conclusions de l'Opposant sur le fond de la contestation, parce qu'elle lui sert en même tems de premiere Requeste d'Instruction dans l'Instance au fond, & met cette Instance en état d'être jugée contradictoirement.

Délib. des Av. aux Conf. du 21. Nov. 1740. *Ibid.* 3°. Cette opposition exige toujours un Jugement, parce qu'il faut détruire le Jugement par défaut, & elle ne peut être confondue avec la tierce-opposition, qui s'introduit par une simple Ordonnance de communiqué.

IV.

Regl. des Com.

JUGEMENT sur une Instance qui se juge par Forclusion.

Art. 6. N. C. G. &c. faisant droit sur l'Instance, avons ordonné & ordonnons (*suivant les Conclusions de la Partie qui poursuit le Jugement par forclusion*) condamnons ledit N... (*la Partie forclose*) aux dépens, que nous avons liquidés à la somme de.... y compris le coût du présent Jugement, & non compris la signification, ni le droit de Controlle.

Ibid. Art. 5. & 6. *Nota.* 1°. Comme il n'est pas nécessaire, dans les Commissions, de pro duire au Greffe, la forclusion s'acquiert en vertu d'un simple acte signifié à l'Avocat du Défendeur, portant que le Demandeur a remis sa Requeste & ses Pieces entre les mains du Rapporteur, avec sommation d'en faire autant.

2°. Il faut que cet acte soit visé dans le Jugement.

3°. Il ne peut être signifié d'acte de remise, que dans le seul cas de la forclusion. Délib. des Av. aux Conf. du 21 Juin 1740.

4°. On suit, au surplus, les regles prescrites au Conseil pour les forclusions.

V.

Jugement sur Requeste pour introduire un Incident préalable.

Regl. des Com.

N. C. G. &c. avons ordonné & ordonnons que ladite Requeste sera communiquée à N.... au domicile de son Avocat, pour y fournir de réponses dans.... (*on met le délai, tel, que les Commissaires le décident*) pour ce fait, ou faute de ce faire dans ledit délai, être par nous ordonné ce qu'il appartiendra. (*ou*) par nous fait droit, ainsi qu'il appartiendra. Art. 7.

(*Si la demande s'introduit par une Ordonnance du Rapporteur, elle porte :*)

Soit la Requeste communiquée à N.... au domicile de son Avocat, pour y fournir de réponses dans..... sinon sera fait droit. Fait à... &c.

V I.

Jugement sur Requeste pour introduire une Demande en assistance de Cause en garantie, ou pour voir déclarer un Jugement commun.

N. C. G. &c. avons ordonné & ordonnons que la Requeste sera communiquée à N.... en son domicile, pour y fournir de réponses dans.... & jointe à l'Instance pendante entre A.... & D.... pour, en la jugeant, être fait droit sur la demande portée en ladite Requeste, conjointement ou autrement, ainsi qu'il appartiendra, sans retardation néanmoins du Jugement de l'Instance; (*s'il se trouve de l'affectation dans ces demandes, on peut ajouter*) & sera ladite demande instruite & jugée aux frais dudit..... (*celui qui présente la Requeste*) qu'il ne pourra repeter.

(*Si la demande s'introduit par une Ordonnance, elle porte :*) Soit la Requeste communiquée à N.... en ſon domicile, pour y fournir de réponſe dans..... (*le délai qui eſt déliberé*) & jointe à l'Inſtance pendante entre ledit A.... & ledit D..... pour, en la jugeant, être ſur ladite Requeſte fait droit conjointement ou autrement, ſans retardation du Jugement de l'Inſtance. Fait à..... ce..... &c.

Nota. 1°. S'il y a lieu d'ordonner que la demande ſera inſtruite aux frais de la Partie, elle ne peut être introduite par une Ordonnance, mais ſeulement par un Jugement. En tout autre cas, on préfere l'Ordonnance.

Regl des Com. Art. 7.

2°. Le délai pour répondre au Communiqué ſur toute demande incidente, dépend de la prudence des Commiſſaires, & de l'état de l'Inſtance, à la différence des demandes principales, à l'égard deſquelles les délais preſcrits par le Reglement ne peuvent être abregés.

3°. Ces Ordonnances doivent contenir les diſpoſitions qui ſeroient inſerées dans les Jugemens, & elles doivent être déliberées par les Commiſſaires.

4°. On ſuit au ſurplus, pour l'inſtruction des Incidens, les mêmes regles qu'au Conſeil.

VII.

JUGEMENT ſur Requeſte pour recevoir une Intervention.

N. C. G. &c. avons reçû & recevons ledit M... Partie intervenante en l'Inſtance pendante entre A.... & N.... lui donnons acte de l'emploi porté par ladite Requeſte, & ordonnons qu'elle ſera jointe à ladite Inſtance, pour, en jugeant, y être fait droit, conjointement ou autrement, ainſi qu'il appartiendra.

Nota. L'Intervention ne peut être reçue par Ordonnance du Rapporteur, d'autant plus qu'elle peut changer l'état de l'Inſtance, en y introduiſant une nouvelle Partie.

VIII.

JUGEMENT ſur Requeſte, pour introduire une demande, quand il y a appel d'une Sentence.

N. C. G. &c. avons reçû & recevons ledit N.... Appellant de ladite Sentence du.... (*la datte*) de.... (*le Siége où elle a été*

été rendue). & pour faire droit sur ledit appel, ensemble sur le surplus de ladite Requeste, avons ordonné & ordonnons qu'elle sera communiquée à M..... pour y fournir de réponse, &c.

(*Si l'appel est interjetté incidemment, on ajoûte*) & joint à l'Instance pendante pardevant Nous entre N.... & D....

Nota. L'appel ne peut être reçû par une Ordonnance du Rapporteur; il faut un Jugement.

IX.

JUGEMENT sur Requeste, pour ordonner que l'on procedera en la Commission, sur une demande portée pardevant les Juges ordinaires.

N. C. G. &c. avons ordonué & ordonnons, que sur l'Assignation donnée à D..... (*ou* sur la demande formée contre D....) le..... (*mettre la datte*) au..... (*le Siége où l'assignation a été donnée*) les Parties procederont pardevant Nous; leur faisons défenses de proceder ailleurs, à peine de nullité, cassation de Procedures, & de tous dépens, dommages & intérêts.

(*Si par la même Requeste, l'on a pris des conclusions au fond, l'on ajoute*) Et pour faire droit sur le surplus de la Requeste, ordonnons qu'elle sera communiquée, &c.

Si l'on demande d'être reçû appellant, on suit la Formule ci-dessus.

X.

JUGEMENT sur Requeste pour admettre un Désaveu.

N. C. G. &c. avons permis & permettons à N.... de former son Désaveu au Greffe de notre Commission, dans (*le délai prescrit par le Reglement du Conseil*) pour y être fait droit, ainsi qu'il appartiendra, sinon, & faute par lui d'y satisfaire, ordonnons qu'il sera passé outre au Jugement de l'Instance.

Nota. 1°. Cet Incident ne peut être introduit par une Ordonnance de communiqué.

2°. On observe pour les Désaveux, la Procedure qui est prescrite par le Reglement du Conseil, 2. *Part. Tit. IX.* & la Formule des Jugemens est la même que celle des Arrêts.

X I.

Regl. des Com.

JUGEMENT ſur Requeſte, pour permettre de s'inſcrire en faux.

Art. 9. N. C. G. &c. avons permis & permettons audit A.... de former au Greffe de notre Commiſſion, ſon inſcription de faux contre.... (*énoncer les Pieces*) en la forme & dans les délais portés par l'Ordonnance, à l'effet de quoi, il ſera tenu dans trois jours au plus tard, à compter du jour de notre préſent Jugement, de faire ſommer ledit N.... de déclarer s'il entend ſe ſervir deſdites Pieces, pour ladite déclaration faite, ou faute de la faire dans ledit délai, être ordonné ce qu'il appartiendra.

Ibid. *Nota.* On ſuit, à cet égard, la même Procédure qu'au Conſeil, juſqu'à ce que la Partie ait déclaré vouloir ſe ſervir de la Piece arguée de faux.

X I I.

Ibid.

JUGEMENT ſur Requeſte pour renvoyer les Parties au Conſeil, lorſque le Deffendeur a déclaré vouloir ſe ſervir de la Piece arguée de faux.

N. C. G. &c. ayant égard à ladite Requeſte, avons ordonné & ordonnons que les Parties ſe retireront pardevers Sa Majeſté pour leur être pourvû, ainſi qu'il appartiendra.

Ibid. *Nota.* 1°. Sur ce renvoi, il intervient un Arreſt du Conſeil, qui renvoye l'Inſcription de faux, pour être inſtruite & jugée aux Requeſtes de l'Hôtel.

Art. 8. 2°. A l'égard des récuſations, comme elles ne peuvent être jugées qu'au Conſeil, on ſuit les regles qui y ſont preſcrites.

X I I I.

JUGEMENT pour établir un Sequeſtre.

N. C. G. &c. avons ordonné & ordonnons que les Biens dudit A..... (*le débiteur*) ſeront mis en ſequeſtre; en conſequence, ordonnons que les revenus deſdits Biens, & ceux qui proviendront du recouvrement des effets à lui appartenans, ſeront remis à M...(*on nomme toujours à préſent un Notaire*) que nous avons établi Sequeſtre deſdits biens & revenus. Ordonnons que tous Fermiers, Locataires, & autres débiteurs dudit A..... ſeront tenus de payer & vuider leurs mains des ſommes par eux dûes, ou qu'ils devront ci-après, en celles dudit Sequeſtre; à quoi faire ils ſeront contraints par les voyes qu'ils y ſont obligés; quoi faiſant, ils en ſeront bien & valablement quittes & déchargés: Ordonnons que ledit Sequeſtre ne pourra ſe déſaiſir d'aucuns deniers qu'en vertu de Jugemens par nous rendus, & ainſi qu'il ſera par nous ordonné.

Nota. 1°. Il arrive quelquefois que ce Sequeſtre eſt ordonné par l'Arreſt du Conſeil qui établit la Commiſſion.

2°. Ce Jugement eſt ordinairement rendu ſur la Requeſte du Pourſuivant.

3°. Lorſque le Controlleur des Bons d'État du Conſeil eſt dans l'Affaire, il a de droit la pourſuite. Quand il n'y a aucun intérêt, ou qu'il ceſſe d'en avoir, elle appartient aux Syndics ou Directeurs des Créanciers, lorſqu'ils ſe ſont ſyndiqués, ſinon à l'un des Créanciers.

4°. Ce Jugement produit le même effet, que la Saiſie réelle & le Bail judiciaire, & il immobiliſe les revenus.

XIV.

JUGEMENT ſur la Requeſte du Pourſuivant, pour ordonner la vente des Biens qui ſont en Diſcuſſion.

N. C, G. &c. avons ordonné & ordonnons qu'à la pourſuite & diligence de D..... (*le Pourſuivant*) il ſera inceſſamment procedé pardevant nous, à la vente & adjudication des Biens dudit A..... (*le débiteur*) à l'effet de quoi, les Publications & appoſitions d'Affiches ſeront faites en la maniere preſcrite par le Reglement.

Regl. du 3. Février 1739. pour les Ventes & Adjudications.

Nota. Quelquefois on ordonne cette vente en même temps qu'on établit le Sequeſtre, & alors l'on réunit les diſpoſitions de ces deux Jugemens.

X V.

JUGEMENT ſur la Requeſte du Pourſuivant, pour faire produire les Titres des Créanciers, à l'effet de proceder à l'Ordre.

N. C. G. &c. avons ordonné & ordonnons que dans un mois, à compter du jour de la ſignification du préſent Jugement, tous les Créanciers dudit A.... (*le débiteur*) ſeront tenus de produire pardevant le ſieur Rapporteur, les Titres & Pieces juſtificatives de leurs créances, ſinon & à faute de ce faire dans ledit délai, ordonnons qu'ils en demeureront déchus, en vertu du préſent Jugement, & ſans qu'il en ſoit beſoin d'autre, & qu'il ſera paſſé outre à l'ordre & diſtribution des deniers provenans des Biens dudit A..... entre ceux deſdits Créanciers qui auront produit leurs Titres.

Nota. 1°. Le Pourſuivant doit conclure par ſa Requeſte, à être autoriſé à employer ſes frais, en frais de pourſuites, & l'on ajoûte : (*Pourra ledit Pourſuivant employer les frais, coût & ſignification du préſent Jugement, en frais de pourſuites.*) Cette diſpoſition pourroit cependant être ſuppléée d'office, comme étant de droit.

2°. A l'égard des Inſtances, ſi le Pourſuivant obtient des dépens, on ajoûte (*leſquels il pourra, en tous cas, employer en frais de pourſuites*) mais il faut, lors de la liquidation des frais, qu'il juſtifie des diligences qu'il a faites, pour être payé de ces frais par la Partie qui y a été condamnée.

3°. Si la Partie adverſe obtient des dépens, ils ſont prononcés contre le débiteur, & l'on ordonne que le Pourſuivant (*pourra employer les frais par lui faits en frais de pourſuites ;*) cependant il y a des cas où la condamnation aux dépens peut être prononcée contre le Pourſuivant, alors on ajoûte (*leſquels il pourra employer, enſemble les frais par lui faits, en frais de pourſuites ;*) mais ſi la conteſtation étoit téméraire de ſa partil pourroit être condamné aux dépens en ſon nom : alors l'on met (*leſquels il ne pourra employer, ni même les frais par lui faits.*)

X V I.

JUGEMENT pour arrêter le Compte du Sequeſtre.

N. C. G. &c. faiſant droit ſur l'Inſtance, & procedant à l'arrêté du Compte préſenté par M..... Sequeſtre des Biens dudit A..... (*le débiteur*) en ce qui concerne la Recette, ordonnons que le premier Article employé pour...... (*& de ſuite* *les autres*) (*si le Compte est divisé par Chapitres, l'on met*) (Sur le premier Chapitre, composé de..... articles) ordonnons que le premier article employé pour..... (*ou* que le premier Chapitre composé de..... articles, employés tous ensemble pour.....) sera (*ou* seront) admis pour ladite somme. (*s'il y a lieu de forcer la recette*) sera admis pour ladite somme, forcé de celle de..... & porté à..... (*& ainsi de suite, après quoi l'on ajoûte*) au moyen de quoi, ledit Chapitre demeurera fixé à la somme de.....

Sur le second Chapitre, *de même* (*& après tous les Chapitres & Articles, l'on ajoûte*) revenans tous lesdits Chapitres, (*ou* tous lesdits articles, *si le Compte n'est pas divisé en Chapitres*) admis (*ou* forcés) à la somme de..... à laquelle nous avons fixé la recette dudit Compte. Et quant à la dépense, ordonnons que le premier Article (*ou* sur le premier Chapitre, composé de..... articles) (*comme ci-dessus*) tiré pour..... sera alloué pour ladite somme (*ou* rayé) (*ou* rayé faute de justifier) (*ou* que l'Article tiré pour... sera alloué pour.... seulement, le surplus rayé.) (*on suit le reste comme pour la Recette, & l'on ajoûte*) revenans tous lesdits Chapitres (*ou* tous lesdits Articles) à la somme de.... à laquelle nous avons fixé la dépense dudit Compte.

Et calcul fait de la Recette, montante à..... & de la Dépense revenante à...... la Recette se trouve exceder la Dépense de la somme de..... (*ou vice versâ*) de laquelle nous avons déclaré ledit..... Sequestre, reliquataire (*ou* en avance) ordonnons qu'il retiendra sur ladite somme de..... celle de..... (*ou s'il est en avance*) qu'il sera remboursé de la somme de.....) pour la façon du présent Compte, dépens compensés, (*ou* condamnons ledit A..... (*le débiteur*) aux dépens.) (*le plus souvent on ne prononce ni compensation, ni condamnation de dépens*) Pourra ledit..... Sequestre, retenir en outre par ses mains, la somme de... (*ou* sera en outre remboursé de la somme de...) à laquelle nous avons liquidés les frais par lui faits en la présente Instance. Pourra aussi ledit D..... (*le Poursuivant*) employer les frais par lui faits, ensemble le coût, signification & droit de Controlle du présent Jugement en frais de poursuites.

Nota. 1°. Ce Jugement est toujours contradictoire avec le Poursuivant, qui, ordinairement poursuit la reddition du Compte.

2°. L'on ne passe aucuns droits aux Notaires pour le dépôt des Deniers; à l'égard des autres Sequestres, on leur passe seulement deux deniers pour livre de leur Recette. Reglem. des Com. Art. 15.

Regl. des Com. Art. 15.
3°. Lorsqu'il se trouve des Titres & Papiers, on passe pour leur garde & conservation, une somme modique, qui est reglée par les Commissaires.

4°. On ne passe en dépense au Sequestre aucun payement, s'il n'a été fait en vertu d'un Jugement de la Commission.

XVII.

JUGEMENT d'Ordre, ou de distribution des Deniers provenans de la vente des Biens du Débiteur.

N. C. G. &c. procedant à l'ordre & distribution du prix provenant de la vente & adjudication qui a été faite pardevant Nous, des Biens appartenans audit A..... (*le débiteur*) (*il y a des cas où il est nécessaire d'exprimer ces Biens.*) ensemble des sommes provenantes du prix des Baux judiciaires (*s'il y en a eu*) *ou* des revenus desdits Biens, & autres deniers étant entre les mains du Sequestre, suivant le Compte par lui rendu & arrêté par notre Jugement du.... (*si le Compte n'est pas arrêté, l'on met*) qui se trouveront entre les mains du Sequestre, suivant le Compte qui sera par lui rendu pardevant Nous en la maniere accoutumée. (*si l'ordre se fait avant la vente des Biens, l'on met*) Procedant à l'ordre & distribution du prix qui proviendra de la vente & adjudication qui sera faite pardevant Nous, des Biens appartenans à A...... (*le débiteur*) ensemble des deniers qui se trouveront entre les mains du Sequestre, provenans (du prix des Baux judiciaires) *ou* des revenus desdits Biens, échus & à écheoir jusqu'au jour de ladite vente & adjudication, & du recouvrement des effets dudit A..... suivant le compte que ledit Sequestre sera tenu d'en rendre pardevant Nous, en la maniere accoutumée.

Avons ordonné & ordonnons que lesdites sommes seront distribuées entre les Créanciers dudit A..... (*le nom du débiteur*) suivant leurs différens priviléges, titres & hypotheques, ainsi qu'il suit.

PREMIEREMENT, ledit D..... (*le Poursuivant*) sera payé par privilége & préférence à tous Créanciers dudit A..... (*le débiteur*) de la somme à laquelle se trouveront monter les frais de poursuites bien & légitimement faits, suivant la liquidation qui en sera faite pardevant Nous, en la forme portée par le Reglement. (*quand l'ordre se fait avant la vente des Biens, on ajoûte*) (même de ceux à faire juſqu'à la vente & adjudication deſdits Biens,) ſuivant la liquidation, &c.

Comme auſſi ordonnons que Mᵉ. N..... (*l'Avocat plus ancien des Créanciers*) ſera payé par même privilége, de la ſomme de..... à laquelle nous avons liquidé les frais de contredits par lui fournis en ladite qualité.

Enſuite ſera ledit...... (*l'on range la collocation de chaque Créancier; d'abord, les Privilégiés, enſuite les hypothecaires, ſuivant la datte des hypotheques, & les chirographaires par concurrence, & l'on ajoûte:*)

Ordonnons que tous les Créanciers ci-deſſus colloqués, ſeront tenus préalablement d'affirmer pardevant le Sʳ.... Commiſſaire Rapporteur, l'un de Nous, Parties préſentes, ou dûement appellées, que toutes les ſommes pour leſquelles ils ſont colloqués par le préſent Jugement, leur ſont bien & légitimement dûes, qu'ils n'ont rien reçu à compte, & qu'ils ne prêtent leur nom directement ni indirectement à perſonne; ce faiſant, ordonnons qu'à payer & vuider ſes mains, conformément à notre préſent Jugement, ledit Sequeſtre ſera contraint par les voyes qu'il y eſt obligé; ce faiſant, qu'il en ſera bien & valablement quitte & déchargé. Déboutons de... leſdits... (*ceux qui ont formé des demandes, & qui n'ont pas produit des Titres, ou des Titres ſuffiſans*) faute de juſtifier de leurs créances: ſur le ſurplus des demandes & concluſions des Parties, les avons miſes hors de Cour. Faiſons main-levée pure & ſimple des oppoſitions faites à la requeſte des Créanciers ci-deſſus colloqués (entre les mains du Sequeſtre. (*ſi la Vente eſt faite, & que les decrets ayent été conſommés aux Requeſtes de l'Hôtel, l'on ajoute*) (& aux Decrets deſdits biens) (*il faut ſouvent les dénommer*) Comme auſſi, faute par les ci-après nommés (*ceux qui ont formé des oppoſitions & qui n'ont pas produit*) d'avoir rapporté les Titres en vertu deſquels ils ont formé des oppoſitions (*tant aux Decrets*) (*qu'entre les mains du Sequeſtre*) & d'avoir formé leur demande dans l'Ordre, avons fait main-levée des oppoſitions par eux formées; ſçavoir, &c. Ordonnons que toutes leſdites oppoſitions ſeront rayées de tous Regiſtres; à ce faire tous Greffiers contraints, quoi faiſant, ils en ſeront bien & valablement déchargés. (*Lorſque l'ordre ſe fait avant la vente, on retranche les clauſes de main-levée ci-deſſus, & après la derniere collocation l'on met*) Ordonnons que les Créanciers ci-deſſus colloqués pour arrerages de Rentes ou Penſions viageres, ou pour intérêts de leurs Principaux, seront pareillement payés; suivant leurs priviléges, préférences & hypotheques, desdits arrérages & intérêts qui écheront jusques au jour de la consignation qui sera faite du prix de la vente desdits Biens. Avons débouté lesdits .... de leur demande (*l'on met de suite les Créanciers qui ont formé des demandes sans avoir rapporté des Titres, ou des Titres suffisans*) faute de justifier: Sur le surplus des demandes & conclusions des Parties, les avons mises hors de Cour; ordonnons que tous les Créanciers ci-dessus colloqués, seront tenus d'affirmer (*comme ci-dessus.*) Ce faisant, qu'à payer..... le Sequestre sera contraint (*comme ci-dessus.*)

Nota. 1°. L'Ordre se fait ordinairement dans les Commissions du Conseil, avant la vente des Biens, parce que cela abrége la poursuite.

2°. Les Jugemens qui ordonnent le Sequestre & la vente des Biens, doivent être visés dans le Jugement d'Ordre, ainsi que les Baux judiciaires, s'il en a été fait.

3°. Il faut aussi viser le Jugement qui ordonne que les Créanciers produiront dans l'Ordre, & la sommation qui doit être faite par le Poursuivant au Débiteur, de l'aider de pieces & moyens pour le recouvrement de ses effets, & pour défendre aux demandes des Créanciers.

4°. L'on vise ensuite les demandes en collocation de chaque Créancier, & ses titres, avec les contredits du Poursuivant & du Débiteur, ausquels les demandes des Créanciers ont été communiquées.

5°. Il n'intervient point de Jugement separé sur chacune de ces demandes, mais elles sont toutes la matiere d'un seul Jugement, qui forme le Jugement d'Ordre.

6°. Si un Créancier qui n'avoit ni privilége, ni hypotheque, avoit obtenu avant l'Ordre, un Jugement de condamnation, il faudroit le viser avec ses Titres.

7°. Les demandes des Créanciers, en collocation, ne se communiquent pas à l'Avocat plus ancien, il n'y a que celle du Poursuivant, il est obligé de la contredire, & les frais de ses contredits sont liquidés par le Jugement d'Ordre.

8°. Les revenus des Biens qui échoyent depuis l'établissement du Sequestre, se distribuent par ordre d'hypotheque, comme le prix des Baux judiciaires, & ainsi que les deniers qui proviennent de la vente des Biens & autres effets du Débiteur; s'il se trouvoit des revenus saisis & échus avant que les Biens eussent été mis en sequestre, ils seroient distribués par contribution.

9°. On colloque les Créanciers pour les arrérages des rentes qui leur sont dues, jusques au jour que l'Ordre est arrêté, & ensuite pour le principal: quant aux autres Créanciers, on les colloque pour le principal, & ensuite pour les intérêts, que l'on calcule jusques au jour du Jugement. On colloque aussi les Créanciers pour les frais qu'ils ont faits pour obtenir une

condamnation

condamnation contre le Débiteur, frais & mise d'exécution ; & lorsqu'ils n'ont point pris d'Exécutoire pour ces frais, on les liquide par le Jugement d'Ordre, mais on ne passe aucuns frais pour la demande en collocation.

10°. Lorsque l'Ordre se fait avant la vente des Biens, les arrérages des rentes, & les intérêts courent jusques au jour de la consignation du prix des Biens qui sont vendus.

11°. Le Jugement d'Ordre ne se signifie qu'à l'Avocat du Débiteur, à l'Avocat plus ancien, au Sequestre, & à l'Avocat des Syndics des Créanciers, s'il y en a, & qu'ils n'ayent pas la poursuite. A l'égard des autres Créanciers, le Poursuivant doit seulement leur remettre, à leur premiere réquisition, une copie imprimée de ce Jugement, signée de son Avocat, sans signification, ni frais ; s'il le refusoit, après une sommation, il seroit contraint d'en délivrer une expédition en forme à ses frais. Regl. des Com. Art. 14.

XVIII.

JUGEMENT pour ajoûter un Créancier à l'Ordre.

N. C. G. &c. avons ordonné & ordonnons que ledit G.... sera ajoûté à l'Ordre des Créanciers dudit A..... (*le débiteur*) & colloqué pour être payé (par privilége, par hypotheque, *ou* comme chirographaire, *suivant son titre*) de la somme de..... ensemble de celle de.... pour.... ans.... mois.... jours d'intérêts de ladite somme, à compter du.... jour de la demande, jusques au.... jour du Jugement d'Ordre ; (*si l'ordre a été fait avant la vente des Biens, on met*) (de celle de..... pour les intérêts de ladite somme, à compter du jour de la demande, jusques au jour de la consignation du prix de la vente, qui sera faite pardevant Nous, des Biens dudit A.....) (& de celle de..... à laquelle nous avons liquidé les frais & mises d'exécution) (*s'il y en a*) (*ou* portée en l'Exécutoire du....) (*s'ils ont été taxés*) en affirmant néanmoins par ledit G..... pardevant le Sr. Commissaire Rapporteur, que lesdites sommes lui sont bien & légitimement dûes, qu'il n'a rien reçu à compte, & qu'il ne prête son nom directement ni indirectement à personne. Pourra le Poursuivant employer les frais par lui faits, en frais de poursuite.

Nota. 1°. La demande pour être ajoûté à l'Ordre, est formée par une Requeste, à laquelle le Créancier joint ses titres ; elle est communiquée au Débiteur & au Poursuivant.

2°. Il ne peut, en ce cas, être adjugé des dépens au Créancier, ni même le coût du Jugement, qu'il leve à ses frais, & il n'est colloqué pour les intérêts de sa créance, que jusques au jour de l'arrêté de l'Ordre, ou de la consignation du prix de la vente des Biens, si l'Ordre a été fait avant la vente.

3°. Dans les Instances de préférence, ou de distribution de deniers mobiliers, on suit la Formule & les Regles du Jugement d'Ordre, excepté qu'on ne se sert point du terme *Colloqué*, l'on ordonne seulement que tel.... sera payé de la somme de..... &c. par préférence (*s'il y a lieu*) ou que les ci-après nommés..... (*on exprime les noms des Créanciers*) seront payés par contribution entre eux : Sçavoir, A.... de la somme de.... C.... de celle de..... & ainsi de suite.

XIX.

Regl. des Com.

JUGEMENT pour liquider les frais de poursuite.

Art. 12. & 13.

N. C. G. &c. procédant à la liquidation des frais de poursuite faits par ledit D..... (*le Poursuivant*) compris dans son dit Memoire, lequel demeurera attaché à la minute du présent Jugement, ensemble les observations de A..... (*le débiteur*) & de l'Avocat plus ancien (*s'ils en ont fourni*) avons liquidés lesdits frais à la somme de.... (*quand il a été payé par le Sequestre des sommes à compte, en vertu de Jugemens, on ajoûte*) sur laquelle, déduction faite de celle de.... payée à compte, en vertu de nos Jugemens des... reste celle de... dont nous ordonnons que ledit D... (*le Poursuivant*) sera payé par le Sequestre des Biens dudit A.... (*le débiteur*) conformément à notre Jugement d'Ordre du... ensemble de celle de... pour le droit de Controlle desdits frais, même des frais, coût & signification du présent Jugement, que nous avons liquidés à.... y compris le droit de Controlle d'icelui.

Nota. 1°. (Si l'Avocat du Poursuivant a demandé la distraction des frais de poursuite, l'on ajoûte,) *Ordonnons que distraction desdits frais sera faite au profit dudit Me. G...* (l'Avocat du Poursuivant) *& en conséquence, qu'il sera payé de ladite somme de... par le Sequestre &c, conformément &c.*

2°. Comme il seroit onéreux au Poursuivant ou à son Avocat, d'avancer tous les frais de poursuite, l'on ordonne pendant le cours de la discussion, par des Jugemens sur Requeste, qu'il sera payé par le Sequestre, au Poursuivant, sur la quittance de son Avocat, des sommes à compte des frais de poursuite, & ces sommes sont reglées par les Commissaires, relativement aux frais qui peuvent avoir été faits jusqu'alors ; mais comme l'on exige souvent le droit de Controlle de ces à comptes, pour éviter qu'il ne soit payé deux fois, l'on ajoûte, au Jugement de liquidation : *ensemble de celle de.... pour le Controlle de la somme de..... faisant partie de la présente liquidation, le Controlle du surplus ayant été payé,* &c.

3°. Le Jugement de Liquidation doit être précédé d'une sommation faite à la requête du Poursuivant, à l'Avocat plus ancien & à l'Avocat du Débiteur, de prendre communication du Mémoire des frais de poursuite, entre les mains du Rapporteur, & sans déplacer, & de fournir audit Rapporteur leurs observations sur ledit Mémoire dans trois jours, faute de quoi il se pourvoira pour obtenir le Jugement de liquidation. Regl. des Com. Art. 12.

4°. Si l'Avocat du Poursuivant veut obtenir la distraction des frais de poursuite, il doit le déclarer, par l'Acte portant sommation à l'Avocat plus ancien & à l'Avocat du débiteur de prendre communication du Mémoire de frais. Regl. du C. 1. P. Tit. 16. Art. 18.

5°. Le Mémoire de frais & ladite Sommation, doivent être visés dans le Jugement, ainsi que les observations de l'Avocat plus ancien & du Débiteur, s'ils en ont fourni.

6°. Il n'entre dans la liquidation des frais de poursuite, qu'un seul droit de Consultation pour toute l'Instance d'Ordre ou de distribution. Regl. des Com. Art. 14.

XX.

JUGEMENT sur la Requête du Poursuivant, pour ordonner la réformation d'une Affiche.

Regl. pour les Ventes & Adjudications, du 3 Février 1739. Art. 7. & 8.

N. C. G. &c. ayant égard à ladite Requeste, avons ordonné & ordonnons que ladite Affiche sera réformée, en ce que..... (*ou* en conséquence que.....) (*énoncer les articles, tels qu'ils doivent être réformés, ou ceux qui doivent être supprimés*) ce faisant, ordonnons qu'à la requête, poursuite & diligence dudit D..... (*le Poursuivant*) il sera incessamment fait une seule apposition & publication de ladite Affiche réformée, aux lieux requis & accoutumés, & avons remis l'adjudication de.... (*spécifier les biens*) au.... (*le jour, le mois, l'année*).... heure de.... auquel jour & heure, il sera procédé pardevant Nous, en notre Assemblée, qui se tiendra chez le Sr..... (*le plus ancien des Commissaires*) l'un de Nous, en sa maison à.... rue..... à la réception des encheres, vente & adjudication desdits Biens, en la maniere ordinaire.

Nota. 1°. Ce Jugement ne se signifie ni au Débiteur, ni aux Créanciers, parce qu'il en est fait mention dans l'Affiche réformée, qui leur est signifiée. *Ibid.* Art. 8.

2°. La discussion des Biens d'un Débiteur, commence par les Jugemens qui ordonnent l'établissement d'un Sequestre, la vente des Biens, & les appositions & publications de l'Affiche. *Vid.* ci-dessus, Jugemens XIII. & XIV.

3°. L'on suit les dispositions du Reglement du 3. Février 1739. pour ce qui concerne l'Affiche, ses significations, appositions & publications, ainsi que pour la réception des encheres, & pour l'adjudication.

XXI.

Regl. pour les Adj. **JUGEMENT sur la Requête du Pourſuivant, pour faire ordonner une nouvelle appoſition d'une Affiche, lorſqu'il s'eſt écoulé plus de ſix mois depuis ſa derniere appoſition, ſans que les Biens ayent pû être adjugés.**

Art. 9. N. C. G. &c. ayant égard à ladite Requête, avons ordonné & ordonnons qu'à la requête pourſuite & diligence dudit D..... (*le Pourſuivant*) il ſera fait inceſſamment une nouvelle appoſition de ladite Affiche, une fois ſeulement, aux lieux requis & accoutumés; à l'effet de quoi, nous avons remis l'adjudication de..... (*ſpécifier les Biens*) au..... &c. *comme dans le Jugement ci-deſſus.*

Ibid. Art. 9. *Nota.* 1°. On ne pourroit, en vertu de ce Jugement, faire pluſieurs appoſitions de l'Affiche.

Ibid. 2°. Elle ne peut, ſous ce prétexte, être ſignifiée de nouveau au Débiteur, ni aux Créanciers.

Ibid. Art. 11. 3°. Le Pourſuivant doit dépoſer au Greffe, avant que l'on procéde à la réception des encheres, une copie de l'Affiche, ſignée de ſon Avocat, avec mention des appoſitions & publications qui ont été faites.

XXII.

JUGEMENT pour ordonner la remiſe d'une Adjudication de Biens.

Ibid. Art. 12. Les Commiſſaires Généranx du Conſeil, députés par Arrêt du...... pour...... en procédant à la réception des encheres de..... (*ſpécifier l'Immeuble duquel on pourſuit l'adjudication*) dont la vente a été ordonnée par notre Jugement du...... & ſuivant l'Affiche appoſée & publiée en conſéquence: Après que P..... Huiſſier du Conſeil, a publié..... (*ledit immeuble*) & fait lecture de ladite Affiche, ſur la miſe à prix faite par D..... (*le Pourſuivant*) à la ſomme de..... l'enchere courante..... (*ſuivant qu'elle eſt marquée dans l'Affiche.*) (*s'il y a eu des encheres, on met*) sur l'enchere faite par Me. G...... Avocat au Conseil, à la somme de..... (*s'il a été fait une adjudication sauf quinzaine, on met*) sur l'adjudication, sauf quinzaine, faite à Me. H.... à la somme de.... & après que par Me. N.... l'enchere a été portée à la somme de..... par Me. M..... à celle de.... & que le dit Me. M..... (*le dernier encherisseur*) a requis l'adjudication, & que par Me. L.... (*l'Avocat du Poursuivant*) il nous a été représenté que lesdits Biens n'étoient pas portés à leur juste valeur; pour quoi il auroit requis, qu'il nous plût en remettre l'adjudication à un autre jour; & attendu qu'il ne s'est point trouvé d'autres Encherisseurs, N. C. G. avons remis l'adjudication de...... (*l'immeuble*) au...... &c. *comme dans le Jugement XX. ci-dessus.*

Nota, 1°. Les Biens dont on poursuit la vente, doivent être compris dans une seule & même Affiche; mais s'il y a plusieurs immeubles, on peut les adjuger conjointement ou séparément, suivant ce qui se trouve le plus avantageux; ainsi l'on peut recevoir des encheres séparées pour chaque immeuble, & faire des remises & des adjudications séparées. Regl. pour les Adj. Art. 2. *Idib.* Art. 11.

2°. Le Jugement de remise ne se signifie qu'au Débiteur, & encore ce n'est que quand il a constitué un Avocat; mais il doit être signifié un Acte à chaque Créancier, & à l'Avocat du dernier Encherisseur, portant que l'adjudication a été remise aux jour & heure qui ont été indiqués par le Jugement, & l'on suit à l'égard de ces significations, les mêmes regles que pour celles de l'Affiche, en observant pareillement, que quand plusieurs Créanciers ont constitué le même Avocat, il ne faut qu'une signification, au domicile de cet Avocat, pour tous ceux pour lesquels il a charge d'occuper. Et si les Créanciers se sont unis & syndiqués, cet Acte n'est signifié qu'à l'Avocat de leurs Syndics, ou à l'Avocat plus ancien, si ces Syndics ont la poursuite. *Ibid.* Art. 12. *Ibid.* Art. 13. *Ibid.* Art. 14.

3°. Lorsqu'il ne se trouve pas d'enchérisseurs, on prend quelquefois le parti de differer à indiquer le jour de la remise, jusques à ce qu'il y ait lieu d'esperer qu'il s'en présentera, afin de ne pas multiplier les frais de remises; de sorte qu'alors, le Jugement reste au Greffe, & n'est expedié que quand la datte de la remise a été remplie.

XXIII.

JUGEMENT pour une Adjudication sauf quinzaine.

Les C. G. &c. en procedant, &c. (*comme dans le Jugement ci-dessus.*) N. C. G. avons adjugé & adjugeons, sauf quinzaine, à Me. G...... Avocat au Conseil (*le dernier encherisseur*) la

Terre de..... (*désigner les Biens que l'on adjuge, les charges & les conditions de l'adjudication, suivant l'affiche.*) (*s'il y en a de nouvelles, consenties par l'Adjudicataire, pardevant les Commissaires, en présence des Parties intéressées, on les ajoûte*) à la charge pareillement de payer les frais de la présente adjudication; & en outre, moyennant la somme de..... & avons remis l'adjudication définitive de..... (*désigner l'immeuble*) au..... &c. *comme dans le Jugement XX. ci-dessus.*

Regl. pour les Adj. Art. 15.

Nota. L'on observe, pour la signification de ce Jugement, les mêmes regles que pour celles des Jugemens de remise.

XXIV.

JUGEMENT pour une Adjudication définitive de Biens.

Les C. G. &c. députés, &c. en procedant à la réception des encheres des Biens de..... (*désigner ces Biens*) dont la vente a été ordonnée par notre Jugement du..... & suivant l'Affiche apposée & publiée en conséquence. (*On vise ici le Jugement qui a ordonné la vente, la Procedure faite pour les appositions & publications de l'Affiche, les Jugemens de remises, & le Jugement d'adjudication sauf quinzaine; ensuite l'on ajoûte*) après que P... Huissier du Conseil, a publié &c. sur l'adjudication sauf quinzaine, faite à ... à la somme de ... (*comme dans le Jugement XXII. ci-dessus*) & après que par Me. H.... Avocat aux Conseils, l'enchere a été portée à la somme de.... & par Me. R..... à celle de.... &c. & que ledit Me. R.... (*le dernier enchérisseur*) auroit requis l'adjudication définitive, & attendu qu'il ne s'est point présenté d'autres Enchérisseurs. N. C. G. avons adjugé & adjugeons définitivement audit Me. R.... plus offrant & dernier enchérisseur, ladite Terre de..... (*on fait le détail de la consistance des Biens que l'on adjuge, & des charges & conditions de l'Adjudition, & l'on ajoûte*) à la charge de payer les frais de la présente adjudication, & en outre, moyennant la somme de...... qui sera consignée dans...... pour tout délai, à compter du jour de la signification du présent Jugement, entre les mains de T..... Sequestre des Biens de A..... (*le débiteur*) pour être disſtribuée aux Créanciers, conformément à notre Jugement d'ordre du.... & ainſi qu'il appartiendra, (*ſi l'Ordre n'eſt pas fait, on met*) pour être diſtribuée aux Créanciers, ainſi qu'il ſera par Nous ordonné.

Nota. 1°. Les Jugemens de remiſe & d'adjudication, ſont les ſeuls qui ſe rendent ainſi par forme de Procès-verbal, ſans Requête, ni Rapport, & il eſt permis aux Avocats, ſoit du Débiteur, ſoit du Pourſuivant, ſoit des Syndics des Créanciers, ou enfin aux Avocats enchériſſeurs, de faire pardevant les Commiſſaires, telles réquiſitions qu'ils jugent à propos, leſquelles le Greffier inſére dans l'eſpece de Procès-verbal qui ſert de Vû au Jugement; & les Commiſſaires, après avoir entendu les Avocats, déliberent & ſtatuent ſur le champ ſur leſdits réquiſitoires. S'il s'en trouve ſur leſquels il ne ſoit pas poſſible de ſtatuer ſur le champ, ils ordonnent que les Parties formeront leurs demandes par Requête à l'ordinaire, ce qui produit une Inſtance incidente à l'Adjudication, qui s'inſtruit, ſe rapporte & ſe juge en la forme ordinaire; & ſi cet incident eſt de nature à ſuſpendre l'adjudication, les Commiſſaires prononcent une remiſe à un jour aſſez éloigné, pour qu'il puiſſe être jugé auparavant.

2°. Comme les adjudications qui ſe font dans les Commiſſions, ne purgent point les hypothéques, l'Adjudicataire eſt obligé de faire faire un Decret volontaire aux Requêtes de l'Hôtel. S'il y ſurvient des oppoſitions de la part des Créanciers de celui ſur qui les Biens ont été vendus, & qu'elles ſoient ſujettes à conteſtation, le titre qui donne lieu à l'oppoſition ne peut être jugé qu'en la Commiſſion; mais l'oppoſition ne peut être évoquée, & elle eſt jugée aux Requêtes de l'Hôtel, en conſéquence du Jugement de la Commiſſion, qui a ſtatué ſur le fond de la conteſtation.

XXV.

JUGEMENT pour une Adjudication d'un Bail judiciaire.

Regl. pour les Adjudications.

Les C. G. du Conſeil, députés par Arreſt du.... pour.... en procedant à la réception des encheres du Bail de la Terre de..... à l'adjudication duquel il a été ordonné qu'il ſeroit procedé par notre Jugement du..... après que P..... Huiſſier du Conſeil, a publié ledit Bail, aux conditions portées par l'Affiche dont il a fait lecture, ſur la miſe à prix faite par D.... (*le Pourſuivant*) à la ſomme de... (*& le reſte, comme dans les Jugemens ci-deſſus, de remiſe & d'adjudication de Biens.*) (*l'on met le tems de la durée du Bail.*) & moyennant la ſomme de..... que ledit..... Art. 16.

(*l'adjudicataire*) sera tenu de payer chacun an, entre les mains de.... Sequestre des Biens de A...(*le débiteur*) dans les termes (*suivant qu'ils sont portés par l'Affiche*) à quoi faire il sera contraint, même par corps, & outre, à la charge par lui de donner bonne & valable caution, laquelle sera reçûe pardevant le Sieur Commissaire Rapporteur, Parties présentes, ou dûement appellées, pour les deniers provenans dudit Bail, être distribués, &c. *comme ci-dessus.* Vid. *Jugement XXIV.*

Nota. 1°. Il est rare que l'on fasse des Baux judiciaires dans les Commissions du Conseil, parce que le Sequestre en tient lieu : cependant, s'il est nécessaire d'y proceder, il faut un Jugement sur la Requeste du Poursuivant, qui l'ordonne, & qu'à cet effet l'Affiche sera apposée & publiée.

Regl. pour les Adj. Art. 16. 2°. Ce Jugement est suivi de la même Procedure qui se fait pour la vente des Biens, excepté que l'Affiche n'est apposée & publiée qu'une seule fois.

3°. L'Affiche contient le temps où le Bail doit commencer, sa durée, ses charges, & toutes les conditions qui sont imposées au Fermier judiciaire, de sorte qu'il ne puisse y avoir lieu à des demandes en indemnité.

4°. L'on ajoûte toujours dans l'adjudication, ainsi que dans l'Affiche, la clause, (Si les Biens ne sont plûtôt vendus) parce qu'ils peuvent l'être avant l'expiration du temps de la durée du Bail.

XXVI.

ARREST du Conseil, sur Requête, pour se pourvoir par Rescision, Restitution, ou Requête civile, dans les Commissions du Conseil.

LE ROY EN S. C. a renvoyé & renvoye ladite Requête pardevant les Sieurs Commissaires, députés par Arrest du Conseil du..... pour y être par eux au nombre de..... au moins, & au Rapport du Sieur D...... Maître des Requêtes, statué ainsi qu'il appartiendra, avec les Parties intéressées, ou elles dûement appellées, ensemble sur les fins de non-recevoir, si aucunes y a, & sur les défenses de A..... (*le Suppliant*) au contraire. Et s'il leur appert de la vérité des faits & moyens de rescision (ou de restitution) exposés par ledit A...... leur a permis & permet de le remettre en tel & semblable état qu'il étoit avant l'Acte du... ainsi que s'il avoit obtenu des Lettres de Rescision, (*ou* de Restitution) (*s'il s'agit d'une Requeste civile, on met*) (Et s'il leur appert d'ouvertures suffisantes de Requeste civile, S. M. leur a permis & permet de remettre ledit A..... en tel & semblable

blable état qu'il étoit avant ledit Jugement ou Arrest du.... ainsi & de la même maniere que s'il avoit obtenu des Lettres de Requeste civile, même de proceder ensuite au Jugement du rescisoire;) attribuant à cet effet, ausdits Sieurs Commissaires, toutes Cour, Jurisdiction & connoissance, qu'Elle a interdites à toutes ses Cours & autres Juges.

Nota. 1°. On ne prend jamais de Lettres du Sceau dans les Commissions du Conseil, pour se pourvoir par Rescision, Restitution, ou Requeste civile, & l'Arrest ci-dessus en tient lieu.

2°. Il faut que la Requeste sur laquelle on obtient cet Arrest, énonce exactement les moyens de Rescision, *ou* de Restitution, ou les ouvertures de Requeste civile, qu'elle contienne des conclusions précises pour être remis au même état qu'avant l'Acte ou le Jugement, & que les Pieces qui y sont jointes, y soient énoncées sommairement, avant les conclusions.

3°. L'on renvoye toujours la Requeste aux Commissaires qui ont rendu le Jugement, & s'ils n'existent plus, on en commet de nouveaux par l'Arrest, à moins que la Requête civile ne fût formée incidemment à une Instance dans laquelle le Jugement ou l'Arrest attaqué par cette voye eût été produit, car alors, on la renvoye souvent aux Commissaires pardevant lesquels cette Instance se trouve pendante.

4°. Si la Partie avoit obtenu un relief de laps de tems au Conseil de Chancellerie, l'on ajoûteroit à l'Arrest: *à l'effet de quoi, Sa Majesté a relevé & releve ledit A.....* (quelquefois l'on met *en tant que de besoin*) *du laps de temps qui s'est écoulé depuis ledit Acte*, (ou *depuis la signification dudit Jugement ou Arrest*) *dérogeant à cet égard à toutes Ordonnances & Reglemens à ce contraires, & sans tirer à conséquence.*

5°. Lorsqu'il s'agit d'une Requête civile, le nombre des Juges est fixé au moins à sept.

6°. Cet Arrest est enregistré en la Commission sur la Requeste de la Partie qui l'a obtenu. *Vid. ci-dessus Jug^t. I.*

XXVII.

JUGEMENT pour annuller un Acte contre lequel on s'est pourvû par Rescision ou Restitution.

N. C. G. &c. faisant droit sur l'Instance, ayant égard à la demande en rescision, (*ou* restitution) formée par ledit A...... contre l'acte du..... (*s'il y a eu des fins de non-recevoir opposées, l'on ajoûte*) sans nous arrêter aux fins de non-recevoir proposées par ledit N..... (*le défendeur*) avons déclaré ledit acte de nul effet, & avons remis ledit A..... en tel & semblable état qu'il étoit avant icelui; ce faisant, avons ordonné & ordonnons (*l'on prononce sur le fond des contestations des Parties, & sur les dépens, suivant qu'il y a lieu.*)

XXVIII.

Jugement pour débouter d'une Demande en rescision *ou* restitution, ou y déclarer non-recevable.

N. C. G. &c. faisant droit sur l'Instance, sans nous arrêter à la demande en rescision (*ou* restitution) formée par ledit A..... contre l'acte du..... dont nous l'avons débouté, (*ou* dans laquelle nous l'avons déclaré non-recevable) ordonnons que ledit acte sera exécuté (*ou* sortira son plein & entier effet) ce faisant, avons ordonné & ordonnons (*on prononce sur le fond de la contestation & sur les dépens dans la forme ordinaire.*)

Nota. Ces Jugemens interviennent sur deux Requestes respectives des Parties, comme dans les incidens du fonds. Le Demandeur en rescision *ou* restitution, après avoir fait signifier l'Arrest & le Jugement d'enregistrement à l'Avocat de la Partie adverse, présente une Requeste qui contient ses moyens de rescision ou de restitution, l'énonciation des Pieces sur lesquelles ils sont fondés, & des conclusions précises, tendantes à ce que sans s'arrêter à l'Acte, qui sera reputé nul & de nul effet, il soit remis en tel & semblable état qu'il étoit avant ledit Acte; en conséquence, que les conclusions par lui prises au fonds lui soient adjugées.

Cette Requeste est répondue d'une Ordonnance de communiqué au domicile de l'Avocat de la Partie adverse, pour y fournir de réponse dans le délai du Reglement, (*ou* celui qui est fixé par les Commissaires) (& l'on ajoûte) *& joint à l'Instance, pour en jugeant être fait droit sur le tout, & soit signifiée. Fait à..... ce.....*

XXIX.

Jugement pour admettre une Requeste civile.

N. C. G. &c. faisant droit sur l'Instance, (*s'il a été opposé des fins de non-recevoir, on met*) (sans avoir égard aux fins de non-recevoir proposées par ledit N... (*le défendeur*) dont nous l'avons débouté,) avons remis les Parties en tel & semblable état qu'elles étoient avant ledit Jugement (ou Arrêt) du... lequel sera comme non avenu; ce faisant, ordonnons qu'il sera procedé de nouveau au Jugement des demandes & contestations sur lesquelles ledit Jugement (ou Arrêt) est intervenu ; condamnons ledit N.... aux dépens, que nous avons liquidés à la somme de..... y compris le coût & signification de l'Arrest du Conseil du..... & du Jugement d'enregistrement dudit Arrest, & non compris le coût & signification du présent Jugement, ni le droit de Controlle.

(*Si la Requeste civile étoit prise incidemment à une Instance ; l'on ajoûteroit après ces mots*) (*demandes & contestations sur lesquelles ledit Jugement est intervenu*) avons joint lesdites demandes & contestations à l'Instance pendante entre ledit A.... & ledit N..... pour en la jugeant, y être fait droit conjointement ou autrement, ainsi qu'il appartiendra. Condamnons, &c.

XXX.

JUGEMENT pour débouter d'une Requeste civile, ou y déclarer non-recevable.

N. C. G. &c. faisant droit sur l'Instance, sans nous arrêter aux demandes dudit A.... dont nous l'avons débouté, (*ou* dans lesquelles nous l'avons déclaré non-recevable) avons ordonné & ordonnons que ledit Jugement (ou Arrêt) du.... sera exécuté. (*si la Requeste civile est incidente, on ajoûte*) & qu'il sera passé outre au Jugement de l'Instance pendante entre ledit A...... & ledit N...... suivant les derniers erremens ; condamnons ledit A..... en l'amende & aux dépens, que nous avons liquidés à la somme de..... non compris, &c.

Nota. 1°. La demande en Requeste civile forme toujours une Instance séparée, qui se juge sur deux Requestes respectives des Parties, & s'introduit par une Requeste du Demandeur en Requeste civile, tendante à ce qu'en conséquence de l'Arrest du Conseil du..... sans s'arrêter au Jugement (ou Arrêt) du..... les Parties soient remises en tel & semblable état qu'elles étoient auparavant, & qu'il soit procedé de nouveau au Jugement de l'Instance jugée par ce Jugement ou Arrêt.

Cette Requeste, dans laquelle les moyens de Requeste civile doivent être spécifiés, & les pieces sur lesquelles ils sont fondés, énoncées avant les conclusions, est répondue d'une Ordonnance de communiqué à la Partie adverse en son domicile, pour y fournir de réponse dans les délais du Reglement. Si la Requeste civile est incidente à une Instance, le communiqué est ordonné au domicile de l'Avocat de la Partie, pour y répondre dans le délai du Reglement, ou dans celui qui est reglé par les Commissaires.

2°. Cette Requeste doit être précedée de la signification de l'Arrest de renvoi & du Jugement d'enregistrement, au domicile de la Partie adverse, ou de son Avocat, si la Requeste civile est incidente.

3°. On ne peut jamais cumuler le rescindant avec le rescisoire, & l'on suit sur cette matiere, les mêmes regles que pardevant les Juges ordinaires.

ORDONNANCES

dont les Requestes d'instruction doivent être répondues.

Nota. Ces ordonnances sont les mêmes que celles dont les Requestes d'Instruction, ou de Production nouvelle, ou de Réponse à production nouvelle présentées au Conseil, sont répondues, à l'exception seulement de la premiere Requeste d'Instruction du Demandeur, qui ne peut jamais être répondüe d'une Ordonnance d'en jugeant, comme au Conseil, parce que les Instances ne peuvent être introduites par assignation dans les Commissions du Conseil; en sorte que la premiere Requeste d'instruction du Demandeur, ou se trouve insérée dans le Jugement de communiqué, ou est répondüe d'une Ordonnance de communiqué.

ADDITION
AUX FORMULES DES ARRESTS du Conseil, sur les Demandes en cassation.

ARREST sur la Requeste d'une Partie qui a obtenu un Arrest ou un Jugement dont la cassation est demandée, pour avoir permission de lever & faire signifier, aux frais du Demandeur en cassation, l'Arrest du Conseil qui ordonne l'envoi des motifs de l'Arrest ou du Jugement, ou l'apport des charges & informations. Délib. des Av. aux Conf. du 16 Juin 1750.

I.

LE ROY EN S. C. a permis & permet audit A..... (*celui qui présente la Requeste*) de lever l'Arrest du Conseil du....... & de le faire signifier au Sr. Procureur Général au....... (*le Tribunal où l'Arrest* (*ou le Jugement*) *dont la cassation est demandée, a été rendu*) au lieu & place dudit D...... (*le Demandeur en cassation*) pour, sur les motifs qui seront envoyés au Conseil, (*ou* sur les charges & informations qui seront apportées au Conseil,) être ordonné ce qu'il appartiendra. Ordonne Sa Majesté, que ledit A..... sera remboursé par ledit D...... du coût & signification dudit Arrest du Conseil, du.... comme aussi des frais & coût du présent Arrest, le tout liquidé à la somme de...... non compris la signification, ni le droit de Controlle.

Nota. 1°. Comme cet Arrest n'intervient que quand il paroît une affectation marquée de la part du Demandeur en cassation, à tenir sa Partie adverse en suspens sur l'événement de sa demande ; pour justifier cette affectation, il doit être joint à la Requeste un certificat du Greffier, portant qu'il n'a été délivré aucune expédition de l'Arrest du Conseil obtenu par le Demandeur en cassation.

2°. Si l'Arrest avoit été levé, & qu'il n'eût pas été signifié, le même Arrest ci-dessus seroit accordé, sur le certificat du Procureur Général ou *Ibid.*

du Greffier du Tribunal dans lequel l'Arreſt ou le Jugement attaqué auroit été rendu, portant qu'il n'a été ſignifié aucun Arreſt du Conſeil pour l'envoi des motifs, ou l'apport des charges & informations.

I I.

Autre Arrest ſur la Requeſte de la même Partie, lorſque le Demandeur en caſſation n'a pas fait ſubroger au Rapporteur nommé ſur ſa Requeſte, dans le cas où ce Rapporteur, après avoir fait enregiſtrer la Requeſte ou commencé le Rapport, ne ſeroit plus en état de continuer les fonctions de Rapporteur.

Le Roy en s. c. ayant égard à la Requeſte, faute par ledit D..... (*le Demandeur en caſſation*) de s'être pourvû pour faire ſubroger un Rapporteur au lieu & place du S^r. N....... (*le Maître des Requeſtes qui étoit Rapporteur*) ſur la Requeſte par lui préſentée en caſſation de l'Arreſt du ..... a permis & permet audit A..... (*le Suppliant*) de faire ſubroger un Rapporteur, en la maniere accoutumée, pour, ſur ſon Rapport, être ſur ladite demande en caſſation ſtatué ce qu'il appartiendra ; ordonne que ledit A..... ſera rembourſé par ledit D..... des frais du *ſubrogatur*, enſemble des frais & coût du préſent Arreſt, que S. M. a liquidés à la ſomme de...... non compris la ſignification, ni le droit de Controlle.

Nota. Il ſuffit, en ce cas, qu'il ſoit conſtant que le Rapporteur de la Requeſte en caſſation n'eſt plus en état, depuis du temps, d'en faire le Rapport, & que le Demandeur en caſſation n'a pû l'ignorer.

FIN.

TABLE
DES ARRESTS, JUGEMENS ET ORDONNANCES CONTENUS EN CE RECUEIL.

Evocations ſur Parentés & Alliances.

Reglemens de Juges.

Oppoſitions au Titre.

Demandes en rapport de Provisions, ou Lettres de Justice.

Requestes en cassation.

ADDITION.

Demandes

Demandes en cassation des Jugemens de competence.

Demandes en contrarieté d'Arrests.

Requestes en révision.

Appels des Ordonnances ou Jugemens des Intendans ou autres Juges commis par le Conseil, & des Capitaineries Royales.

Autres Matieres qui peuvent être portées au Conseil.

N

Oppositions aux Arrests du Conseil.

Arrests qui peuvent intervenir pendant le cours de l'instruction d'une Instance, & qui ont rapport à la seconde Partie du Reglement du Conseil.

ASSIGNATIONS.

Défauts.

Forclusions.

Incidents.

Interventions.

Désaveux.

Faux Incident.

Récusations.

Affirmations de Voïages.

Taxes de Dépens.

Arrests qui se rendent au Conseil de Chancellerie.

Ordonnances dont les Requestes présentées au Conseil, sont répondues.

Jugemens qui se rendent dans les Commissions du Conseil, & Ordonnances dont les Requestes qui y sont présentées doivent être répondues.

www.ingramcontent.com/pod-product-compliance
Ingram Content Group UK Ltd.
Pitfield, Milton Keynes, MK11 3LW, UK
UKHW020333180726
13839UKWH00002B/692